L'HINDOUISME

L'HINDOUISME

(Sanatana Dharma)

Kalpana Das et Robert Vachon

 guérin Montréal
Toronto
4501, rue Drolet
Montréal (Québec) H2T 2G2 Canada
(514) 842-3481

Dépôt légal, 2e trimestre 1987
ISBN-2-7601-1405-8
Bibliothèque nationale du Québec
Bibliothèque nationale du Canada
IMPRIMÉ AU CANADA

Maquette de couverture: Jean-François Major

OM

Conduis-moi de l'irréel au réel
Conduis-moi des ténèbres à la lumière
Conduis-moi de la mort à l'immortalité
(Brihadaranyaka Upanishad)

Table des matières

Introduction

L'universalité et la rapidité des moyens de communications ont sensiblement diminué les distances entre les pays et entre les peuples. De plus la mobilité des populations nous amène un jour ou l'autre à rencontrer des personnes d'autres races et d'autres cultures. Il n'est plus possible de vivre isolé, replié sur soi-même, en ignorant les événements heureux ou malheureux qui affectent quotidiennement le sort de l'humanité.

La religion a toujours joué et joue encore un rôle important dans la culture et la vie des peuples. Maintenant que les moyens de communication nous mettent en contact continu avec tous les peuples, il importe désormais pour comprendre et respecter ces populations de connaître les religions qui les motivent et conditionnent leurs comportements.

Cette série de publications sur *Les grandes religions* veut contribuer à la compréhension et au respect mutuels, voire même à l'amitié entre tous les croyants du monde. C'est la raison pour laquelle nous avons fait appel pour la rédaction à des fidèles de chacune des religions présentées.

En notre univers il y a encore beaucoup d'ignorance et d'incompréhension, beaucoup de préjugés et d'antagonismes parfois même violents. Nous espérons par nos textes contribuer à une meilleure entente entre les humains à partir de la foi qui les anime et qui devrait normalement les conduire à la fraternité universelle.

Stéphane Valiquette, S.J.
coordonnateur de la série

Avant-propos

COMMENT ABORDER L'ÉTUDE DE L'HINDOUISME

Ce bref avant-propos est une invitation à prendre note de quelques éléments qu'il serait bon de se rappeler en étudiant l'hindouisme.

Il n'est pas possible de bien comprendre l'esprit de l'hindouisme en l'abordant de façon purement académique. La plupart des Hindous sont convaincus qu'on ne saurait enseigner l'hindouisme à l'école, parce que c'est un mode de vie. On l'apprend en le vivant.

L'intériorité est très importante dans l'étude de l'hindouisme. En effet, l'hindouisme est un cheminement intérieur de réalisation de soi. On le comprendra dans la mesure où l'on s'y engagera personnellement, dans le sens où l'information sera assimilée de façon intérieure.

La connaissance est Brahman. La connaissance est divine. Donc, toute poursuite de connaissance, pas seulement l'étude d'une religion, est une démarche spirituelle.

Les Hindous identifient l'étude à la déesse Saraswati.

La déesse Saraswati

CHAPITRE I

INTRODUCTION

CARACTÉRISTIQUES FONDAMENTALES DE L'HINDOUISME

Toute culture, société et religion a une vision du monde et transmet un esprit et un ensemble de valeurs qui lui sont propres.

Donc, avant de nous lancer dans une étude de l'hindouisme, il convient de dégager quelques-unes de ses caractéristiques fondamentales.

A. La religion des Hindous s'appelle «Sanatana Dharma»

Il est très difficile de traduire les mots et surtout leurs significations d'une langue à une autre.

Il en est ainsi du mot «religion».

Le mot «religion» dans les différentes langues de la civilisation occidentale signifie: «un système de foi et de culte». Le mot «**Dharma**», par contre, qui est le mot commun à toutes les langues des Indes, signifie: «l'ordre et la loi de l'univers».

Or le mot indien «**Dharma**» est ordinairement traduit par «religion» dans toutes les langues occidentales: en français, anglais, espagnol, etc. Il s'agit d'une traduction inadéquate.

Malgré cela, les deux mots: religion et **dharma** se rapportent à quelque chose de commun, à savoir la relation de l'être humain au divin.

Ainsi, en Inde on appelle **Sanatana Dharma** ce qu'en Occident on nomme hindouisme. **Sanatana** veut dire éternel. **Sanatana Dharma** veut donc dire la loi et l'ordre éternels et l'action en harmonie avec eux.

B. Le Sanatana Dharma (hindouisme) est un ensemble de nombreuses religions

La diversité des croyances et pratiques est une caractéristique essentielle de l'hindouisme. On a dit précédemment que chaque groupe humain se caractérise par son propre **Dharma.** L'hindouisme a émergé de la variété des croyances et pratiques religieuses de chacun des groupements humains qui peuplaient la terre des Indes. C'est ainsi que l'hindouisme comprend des croyances et pratiques animistes des Dravidiens et autres peuples indigènes ainsi que les philosophies plus spéculatives des Aryens védiques. Ceci se retrouve dans les différents courants religieux comme le vishnouisme, le shivaïsme, le shaktisme.

C. L'hindouisme est une religion sans fondateur

À la différence de la plupart des religions, l'hindouisme se présente comme n'ayant pas eu de commencement et comme n'ayant pas été fondé par une personne, tel que Jésus pour le christianisme, le prophète Muhammad pour l'islam ou Gautama Buddha pour le bouddhisme. Son fondement, selon lui, c'est la **réalité des choses** et la quête de l'Homme pour la réaliser. On pourrait dire que la base de la pensée religieuse hindoue est : les différentes forces positives et négatives de la **nature,** les lois subtiles, inhérentes au cosmos, qui règlent tout ce qui existe.

Cependant les RISHIS ou «grands voyants», émerveillés de cette **nature,** ont entrepris de réfléchir et de comprendre la **réalité** de cette existence. Leurs recherches, expériences et trouvailles ont donné lieu à d'innombrables hymnes, textes rituels et traités. Vers 500 avant J.-C. tous ces textes, hymnes et traités philosophiques ont été rassemblés en une collection appelée les **Vedas.** Ces Vedas sont considérés comme étant les «Saints Écrits» des Hindous, même s'il y a d'innombrables autres oeuvres sacrées qui ont été écrites au cours de l'histoire post-védique. On pourrait dire que les **Vedas** sont les premiers écrits sacrés des Hindous.

D. L'hindouisme est davantage une religion d'expérience-de-réalisation qu'une expérience de foi

Les pratiques religieuses et l'expérience de la **réalité ultime (Brahman)** sont au coeur de la vie religieuse hindoue.

Pour bien comprendre, faisons un parallèle avec un élément central du christianisme : la foi. Pour être reconnu comme chrétien, il faut avoir la foi dans le Christ Jésus et la proclamer. Pour être reconnu comme Hindou, il faut être né d'une lignée hindoue, pratiquer le **Dharma** (l'action droite) et chercher à réaliser le Divin.

La quête religieuse dans l'hindouisme commence par la question : «qui suis-je?» Elle est reliée aux questions «quelle est la **réalité** derrière mon existence et celle de toute existence?»; «qu'est-ce qui relie toutes choses entre elles?» Une des questions spontanées qu'un Hindou va demander est : «as-tu vu (réalisé) «Dieu» (le Divin)»? plutôt que «crois-tu en Dieu et en son existence?»

E. L'hindouisme est une religion sans institutions administratives et structurées, telles que Église et paroisses

L'hindouisme n'est pas une religion organisée autour de doctrines et de commandements sous l'autorité d'une institution comme l'Église. Le **Dharma** est la seule autorité reconnue, soit l'ordre de l'univers et l'action en harmonie avec cet ordre. Dans cet ordre cosmique, chaque chose a sa place et son rôle par rapport à l'ensemble. Tout est interrelié. L'univers est soutenu et maintenu dans sa diversité par la loi de l'harmonie cosmique. La vie religieuse et sociale des Hindous est donc gouvernée par le **Dharma** plutôt que par une institution.

F. L'hindouisme : un mode de vie où religion et vie sont inséparables

L'hindouisme est à la fois une philosophie, une théologie, une attitude intérieure et un système social. En d'autres mots, c'est un mode de vie où la religion et la vie quotidienne ne se distinguent pas. Il n'y a pas de distinction entre le sacré et le profane. Mais s'il faut parler en ces termes, l'Hindou préfère dire que tout est sacré et qu'il n'y a que le sacré.

La structure sociale elle-même est basée sur l'ordre dharmique. Conséquemment, toute action quotidienne comme celle de prendre son bain, de faire la cuisine, d'entrer en relation avec ses parents, ses enfants ou son époux/se, a une signification à la fois religieuse et sociale. Il en est ainsi de toute l'organisation sociale qui comprend les groupements sociaux et activités économico-politiques.

Bref, il serait probablement plus approprié de dire que l'hindouisme est un mode de vie plus encore qu'une religion.

G. Tout Hindou cherche Moksha (la libération)

La spiritualité hindoue consiste à chercher la **Moksha.**

Pour accéder à cette libération il y a lieu d'abord de se libérer du cycle des naissances et renaissances (de ce qu'on appelle en Occident les réincarnations), du changement **(samsara),** qui est la toile d'araignée de l'ignorance.

La libération consiste finalement à dissiper le brouillard de l'ignorance. Il ne s'agit pas d'accumuler les informations mais de comprendre la **vraie nature** ou la **réalité** de toutes choses (à savoir : le **Paramatman).**

Le **Paramatman** c'est comme **l'océan.** Chaque chose et chaque personne sont comme les gouttes de l'océan. On ne se découvre comme personne qu'en découvrant l'océan. On n'atteint la libération **(Moksha)** qu'en comprenant qui on est, notre **nature véritable,** à savoir le tout, l'océan de la goutte et non la goutte de l'océan.

CHAPITRE II

ESQUISSE GÉOGRAPHIQUE
ET HISTORIQUE

1. CARTE TERRITORIALE DE L'HINDOUISME

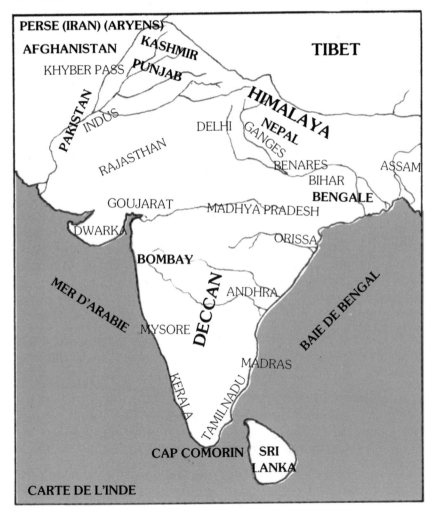

2. COMMENTAIRES SUR LA CARTE

Le mot «hindou» a, pour les Hindous, une résonance territoriale et non une signification de foi et de doctrine.

Bien avant qu'on appelle ce pays l'Inde (son nom est toujours **Bharatavarsha** dans les langues indiennes actuelles) et bien avant qu'on nomme ses habitants «Hindous», il y avait des peuples qui habitaient tout ce pays et qui vivaient selon leurs traditions religieuses propres. La civilisation de la vallée de l'Indus occupait tout le territoire du Nord-Ouest ainsi que le Punjab actuel. Mais on retrouvait aussi à travers le pays d'autres populations et tribus indigènes dont, au sud, la culture dravidienne.

Les gens qui vivaient le long de la rivière Sindhu (ou l'Indus) ont été surnommés «hindous» d'abord par les Perses, ensuite par les Occidentaux. Graduellement le mot «hindou» s'est appliqué à toute la population originelle et à sa culture complexe.

L'hindouisme, généralement considéré comme étant le résultat de la fusion entre la culture envahissante des Aryens, venus de l'extérieur, et les cultures indigènes non aryennes, s'est graduellement répandu dans toute la vallée de la rivière du Gange. Sur son chemin, il a rencontré les populations et tribus indigènes, a voyagé au sud où il a rencontré la culture dravidienne.

Depuis ce temps la culture hindoue a rencontré de nombreuses autres cultures qui sont venues s'établir dans ce pays. Et cela continue encore aujourd'hui.

De sorte que l'on peut dire que la culture hindoue est un ensemble qui vient du brassage de toutes ces cultures, mais un ensemble qui a toujours maintenu une unité fondée sur une vision harmonieuse du monde.

Il est intéressant de noter que l'hindouisme ou la culture hindoue ne s'est pas trop répandue hors des frontières de l'Inde, si ce n'est son influence en Thaïlande, au Kampuchea, en Indonésie.

Ce n'est qu'au siècle dernier que l'hindouisme s'est fait connaître en Amérique du Nord, particulièrement depuis le voyage de Vivekananda au États-Unis en 1893, lors de la Conférence mondiale des religions (Chicago). Ce n'est que depuis une vingtaine d'années que l'hindouisme attire les Nord-Américains, surtout depuis que les Beatles en ont fait une mode. Mais il faut dire que généralement, les Nord-Américains ne connaissent encore que des traits extrinsèques, superficiels et souvent très édulcorés de l'hindouisme.

La Déesse-Mère
Civilisation de l'Indus

3. ESQUISSE HISTORIQUE DE L'HINDOUISME

L'histoire n'est pas conçue de la même façon dans les différentes cultures. Elle est intimement reliée à la notion du temps, qui varie d'une culture à une autre.

Dans l'hindouisme, la vie est conçue de façon cyclique, où il n'y a ni commencement, ni fin. Le temps est perçu dans sa dimension d'éternité. Cette perspective sur le temps et le monde donne lieu, chez les Hindous, à une attitude bien particulière à l'égard de l'histoire. Pour eux, l'histoire signifie non seulement ce qui est dans le temps, mais aussi ce qui est hors du temps.

Une autre caractéristique importante de l'histoire dans l'hindouisme est sa dimension orale. L'histoire de la tradition hindoue, même ce qui est écrit, se réfère

a) à des paroles comme telles : impérieuses, puissantes, substantielles, subsistantes, paroles qui sont elles-mêmes pouvoir salvifique et peuvent mener à la contemplation de Brahman ;

b) paroles qui ne sont pas «au sujet du» Divin et de la vie, mais qui sont l'expérience vécue elle-même, qui sont ce qu'elles signifient ;

c) paroles qui sont inséparables du son qui en fait la réalité matérielle : parole incarnée **(Vac).**

Conséquemment, la tradition hindoue écrite comporte deux dimensions :

a) **SRUTI**, «ce qui est entendu», la vérité éternelle telle qu'elle est entendue par les sages **(rishis).** Sans auteur, il s'agit de la dimension transcendante de la tradition ;

b) **SMRITI**, «ce qui est mémorisé», c'est l'interprétation accumulée de la **Sruti.** C'est la dimension humaine.

Lorsqu'on étudie l'histoire de l'hindouisme, il faut donc garder à l'esprit :

a) la dimension «dans le temps» et «hors du temps» ;

b) la dimension sacrée de l'oralité ;

c) la **Sruti** et la **Smriti,** ou ses dimensions à la fois transcendante et humaine; et, dans le temps, on ne peut remonter qu'à 3000 avant J.-C.

C'est ainsi que l'histoire de l'hindouisme peut se diviser en 6 périodes.

(1) Période pré-védique (3000 à 1500 avant J.-C.)

L'idée de renoncement, notion fondamentale dans l'hindouisme, est déjà présente à cette époque. C'est ainsi, par exemple, qu'au site de la civilisation de la vallée de l'Indus (Mohenjo-Daro), on a découvert l'icône de Siva ascète, assis en posture de yoga.

D'autres icônes y ont été découvertes. Celles de la déesse-mère sont sans doute à l'origine de la croyance hindoue dans une énergie féminine primordiale, source de toute la création, et qui a probablement donné naissance plus tard au culte de la **Shakti** dans l'hindouisme.

On y trouve aussi évidence du culte répandu des arbres, du feu, de l'eau et d'une variété d'animaux, éléments qui ont tous été intégrés dans la forme synthétisée de l'hindouisme qui apparaîtra plus tard.

(2) Période védique (1500 à 600 avant J.-C.) ou classique

C'est la période où la culture aryenne, venue du Nord, et les cultures non aryennes de l'Inde ont fusionné et nous ont donné les **Vedas** (le **Rig Veda**, le **Sama Veda**, le **Yayur Veda** et les **Upanishads** qui sont le sommet et la fin des **Vedas**).

On l'appelle la période du brahmanisme, car c'est le **brahman,** c'est-à-dire le prêtre et le ritualisme qui en sont les éléments prédominants. Tout est centré sur le grand sacrifice, le culte, surtout dans les débuts. Mais petit à petit, une intériorisation se fait (les **aranyakas**) qui deviendra de plus en plus philosophique et mystique (les **upanishads**).

(3) Période de formulation synthétique-prophétique (600 à 300 avant J.-C.)

C'est le moment où l'on fait la synthèse non seulement des éléments disparates de l'ancienne période védique (composée d'éléments aryens et préaryens, culturels, ascétiques, mystiques, etc.) mais aussi de la religion des Jains et du message du Bouddha (mort en 483 avant J.-C.). C'est à cette période que s'est formée l'intuition sur laquelle repose la grande tradition hindoue. On la trouve dans les 12 Upanishads majeurs qui sont la quintessence des Vedas.

(4) Période de consolidation (300 à 1200 après J.-C.)

L'intuition prophétique des Upanishads, pendant cette période, trouve ses formes culturelles, dans tous les domaines de vie, et atteint le peuple. C'est pendant cette période qu'on élabore :

a) **Les poèmes épiques du Ramayana, du Mahabharata** (600 à 200 après J.-C.) ainsi que la **Bhagavad Gita,** qui sont au coeur de la vie hindoue.

Le **Ramayana** raconte les luttes et victoires de **Rama** et de **Sita** sur le démon-roi **Ravana.**

Le **Mahabharata** est un immense poème épique qui raconte la grande bataille que se livrèrent les deux branches de la même famille royale, les **Pandavas** et les **Kauravas.** Cette bataille symbolise le combat de la vie humaine. C'est une de ses sections qui constitue :

La **Bhagavad Gita** (le chant du seigneur). C'est le plus important et le plus beau joyau de la littérature hindoue. C'est l'évangile de l'hindouisme. Ce poème est un dialogue entre un homme nommé **Arjuna,** qui personnifie le questionnement humain, et la divinité qui apparaît sous la forme de **Krishna. Arjuna** est dans un dilemme : doit-il tuer (par devoir) ceux qu'il aime et qui lui font la guerre ou se laisser mourir pour les préserver?

b) **Les Puranas,** écrits plus tard et dont la rédaction se prolonge jusqu'au XIVe siècle, sont des contes détaillés de la vie du divin personnel, sous ses différentes manifestations et toujours sous le double aspect masculin et féminin. Parmi les **Puranas** les plus populaires : la **Bhagavata Purana (Vishnou),** la **Skanda Purana (Siva).** C'est à cette époque que furent élaborées les légendes de **Krishna.**

c) **Les sectes dévotionnelles du shivaïsme, du vishnouisme et du shaktisme,** selon qu'on s'adresse à **Shiva,** à **Vishnou** ou à **Shakti.** C'est ici qu'il faut mentionner au sud de l'Inde, à partir du VIe siècle, la présence des saints-poètes : les **Alvars** (dévoués à **Vishnou**) et les **Nayanar** (dévoués à **Shiva**), qui ont exercé une si grande influence sur le mouvement de la **bhakti** populaire.

d) **Les six systèmes de philosophie** dont le dernier, le **Védanta** est le plus populaire. Il se divise en deux écoles principales : l'école de **Gaudapada** et **Shankara** (788-820 après J.-C.) d'une part, et celle de **Ramanuja** (XIe siècle) d'autre part.

(5) La période face à l'islam (1200 à 1757 après J.-C.)

L'Inde s'est trouvée sous la domination musulmane durant toute cette période et il y a eu fécondation mutuelle entre l'islam et l'hindouisme. C'est ainsi qu'est née la religion SIKH dont le fondateur est NANAK (1469-1538). L'hindouisme a absorbé plusieurs éléments de l'islam, dont la soumission au Divin, le principe d'égalité, etc.

Non seulement les systèmes de philosophie continuent-ils à se développer, mais cette période se caractérise par un nombre croissant de sectes religieuses à l'intérieur du vishnouisme. À part les savants **Madhva** (XIIIe siècle) et **Vallabha** (XVe et XVIe siècles), des sectes populaires voient le jour. **Ramananda** (XIVe siècle) abolit les distinctions de caste parmi ses disciples, introduit la langue vernaculaire et met l'accent sur la dévotion à **Rama** et **Sita. Chaitanya,** au Bengale (XVe et XVIe siècle) met l'accent sur le culte de **Krishna-Radha.** En pays marathe, à part le savant **Jnanadeva** (XIIIe siècle) et son **Advaita-Bhakti** surgissent la secte **Pandhari de Namadeva,** un saint-poète, **Toukaram** (1598-1650), et un saint homme d'action, **Ramadase** (1608-1681). En Inde du Nord, ce sont les grands poètes et chansonniers mystiques qui s'illustrent : **Kabir** (1440-1518) **Mirabai** (1492-1546) et **Tulsidas** (1532-1623), ce dernier reconnu pour son commentaire du **Ramayana.**

23

(6) La période moderne (1757 à nos jours) ou période face à l'Occident

À la fin du XVIIIe siècle, l'Angleterre avait établi sa domination sur l'Inde. Cette domination devait durer de 1757 à 1947. Un fort courant d'idées occidentales commença bientôt à se répandre et à défier les formes traditionnelles de pensée du moins parmi les intellectuels. Les notions de monothéisme, de progrès social, de liberté individuelle, de scolarisation prolongée et d'égalité économique firent leur apparition.

Il y eut toute une série de réformateurs.

D'abord celui qu'on nomme le père moderne : **Ram Mohan Roy** (1772-1835) qui fonda le mouvement **Brahmo-Samaj.** Ce dernier a lutté contre l'idolâtrie, les distinctions de castes ; il s'est prononcé en faveur des réformes sociales, de l'unité des religions, basée sur la raison et sur le renouveau de la tradition hindoue.

Mais il y eut aussi une opposition très forte à l'Occident moderne contenue dans **l'Arya Samaj,** fondé à la même époque et qui se voulait un retour aux **Vedas.**

Parmi les grands réformateurs de cette époque, il faut noter entre autres : **Ramakrishna** (1836-1886) et son disciple **Swami Vivekananda** (1863-1902) et la Ramakrishna Mission, qui propagea le **Vedanta** à travers l'Inde, jusqu'en Amérique du Nord et en Europe, **Rabindranath Tagore** (1861-1941), **Mahatma Gandhi** (1869-1948), **Sri Aurobindo** (1872-1950) et **Vinoba Bhave** (1895-1982).

L'un des plus grands saints reconnus de l'époque, après Ramakrishna, fut **Ramana Maharshi** (1879-1955)

Roue de la vie

CHAPITRE III

LE MODE DE VIE HINDOU

Ainsi qu'on le voyait précédemment, l'hindouisme est donc davantage un mode de vie qu'une religion faite de doctrines, de commandements et d'institutions administratives. On ne saurait comprendre les croyances, le culte et les pratiques hindoues que dans le contexte de l'expérience de vie, puisqu'ils en sont les composantes.

> «Dans l'hindouisme, l'intellect est subordonné à l'intuition, le dogme à l'expérience, l'expression extérieure à la réalisation intérieure. La religion ne consiste pas dans l'acceptation de concepts académiques et abstraits ou dans des rituels et des cérémonies, mais elle est une sorte de vie et d'expérience. C'est une perception **(darsana)** ou expérience vécue **(anubhava)** du réel».
>
> (Radakrishnan, **Hindu View of Life,** London, 1971 Unwin Books, 16ᵉ ed., p. 13; tr. de l'auteur)

Penchons-nous donc quelque peu sur cette expérience de vie hindoue et explorons ensemble sa vision de la vie.

Nous étudierons d'abord le **Dharma,** qui est la structure de base selon laquelle le mode de vie hindou est conçu et vécu; ensuite nous aborderons d'autres notions fondamentales ainsi que les différents chemins spirituels **(margas)** qui s'offrent à l'Hindou. Puis, nous terminerons par l'examen des pratiques religieuses.

1. LA STRUCTURE DU DHARMA

Le fondement de cette structure repose sur l'ordre cosmique; c'est à la fois la disposition sacrée qui soutient l'univers ainsi que l'action en harmonie avec cette disposition. Mais c'est aussi la structure qui sert d'encadrement à toute la vie humaine ainsi qu'à ses activités.

Voyons un peu comment la vie humaine se déroule à l'intérieur de ce cadre.

A. Les quatre buts de la vie (purusharthas)

Les êtres humains sont appelés à poursuivre quatre buts dans la vie, établis selon un ordre hiérarchique :

1) **KAMA** : qui comprend toute forme de plaisir, de désir, de satisfaction de tous les sens, d'amour, de plaisirs de la vie conjugale et d'art.

2) **ARTHA** : qui comprend la satisfaction des besoins matériels. Les êtres humains requièrent une certaine richesse pour élever une famille, assurer la sécurité du foyer et exécuter leurs devoirs religieux. C'est la sphère des activités socio-économiques et politiques.

3) **DHARMA** : qui comprend tous les devoirs religieux et moraux (action droite), communs **(sadharana dharma)** et particuliers **(svadharma)**.

4) **MOKSHA** : ou but suprême de la vie, signifie la libération spirituelle.

Leur hiérarchie : **MOKSHA** et **DHARMA** en sont les valeurs les plus hautes. **KAMA** et **ARTHA** sont des nécessités de la vie mais qui doivent être guidées par les deux premières. C'est dire que non seulement **KAMA** et **ARTHA** doivent-elles être réalisées selon le **DHARMA** qui doit les imprégner de fond en comble, mais il faut, à un moment donné, les dépasser et s'en libérer. Le but suprême **(paramartha)** en est la libération spirituelle **(MOKSHA)**.

B. L'action droite ou le devoir (Dharma)

L'action droite, c'est ce qu'on pourrait appeler, simplement, le «devoir». Il y a les devoirs communs à tous : hommes, femmes, enfants, de quelque caste **(jati)**, statut social ou âge qu'ils soient. On les appelle «**Sadharana Dharma**».

Et il y a les devoirs particuliers à chaque individu, selon sa caste, sa communauté, et selon qu'il appartient à une des quatre étapes de la vie **(chaturashrama)**. On les appelle «**Svadharma**».

Mais tous les devoirs sont définis par l'ordre universel et cosmique d'interrelation et de solidarité de toutes choses.

1) Exemples de devoirs communs à tous (Sadharana Dharma)

a) **AHIMSA : non-violence, non-injure, tolérance, compassion**

La racine de **l'ahimsa** est l'acte de non-affirmation de son propre ego et celui de s'identifier avec tout ce qui semble être «autre», c'est-à-dire avec tout ce qui existe : humains, animaux, plantes.

On cultive en soi-même l'esprit **d'ahimsa** en pratiquant la compassion **(daya),** qui nous amène à être tolérants, non violents et à ne pas blesser autrui.

Ahimsa veut dire, en dernière analyse, renoncer à l'intention de faire du tort et de souhaiter du mal à quoi que ce soit, en pensée, parole ou action.

Un dicton illustre cette notion : «L'homme vertueux doit imiter l'arbre de santal qui, lorsqu'on l'abat, parfume la hache qui le frappe».

b) **SATYA : adhérence au réel (On pourrait traduire : la vérité)**

La racine du mot est **SAT** qui veut dire le réel. Seul le **Brahman** ou **Paramatman** est le réel. Le monde des existences et des formes est changeable et illusoire. **Brahman** est permanent, donc réel.

Satya c'est donc la pensée, la parole et l'action qui viennent d'une adhérence sincère au réel, ou plus simplement, qui sont inspirées par le Divin.

c) **VAIRAGYA : le détachement et le développement de l'esprit de non-possession**

On arrive à l'état de détachement **(vairagya)** en pratiquant le contentement **(santosh)** et l'ascèse **(tapasya)**.

Il faut, non pas chercher l'abondance, mais vivre avec peu et se contenter de ce que l'on a. C'est alors seulement qu'on peut contrôler le désir d'avoir toujours plus, désir qui est insatiable. Il s'agit, au fond, de vivre simplement.

d) SHRADDHA : respect et foi

Il est essentiel de faire preuve d'un grand respect et de foi dans les **devas** (divinités et toutes les forces de la nature), le **Veda** (la connaissance transmise par les rishis (voyants) et les **purvapurusha** (les ancêtres).

De même il est essentiel de témoigner respect et confiance au **guru** (celui qui est chargé de notre éducation), aux parents, aux aînés et à tous ceux qui communiquent la connaissance, mais en se souvenant que «cela seul est connaissance qui libère». Connaître et comprendre la réalité absolue **(Brahman)** est le but ultime de la vie et c'est cela qui apporte la libération.

e) DANA : aumône et sacrifice

Donner ce que l'on peut est un devoir à l'égard de la société. Cela veut dire non seulement donner quelque chose de matériel, comme de l'argent, de la nourriture, etc., mais aussi se donner soi-même en esprit de sacrifice. C'est par le sacrifice de soi que l'univers est maintenu. De même le don et le sacrifice de soi maintiennent la cohésion de la famille et de la société.

f) DAMMYATA : contrôle de soi

Le contrôle de soi est un autre devoir moral important qui conduit à la pureté de l'esprit et du corps. Il contribue à développer la modération à tous les niveaux :
— au niveau émotif : modérer sa colère, sa tristesse, ses désirs, ses joies.
— au niveau social : faire un usage modéré du pouvoir et de l'autorité.
— au niveau religieux et spirituel : garder un esprit de suite et de continuité dans sa quête spirituelle.

g) **MUMUKSUTVA : aspirer à la libération**

Pour garder l'esprit fixé sur le but dernier de la vie, à savoir la libération **(moksha)** du cycle des renaissances et du monde qui passe, il faut cultiver une ardente aspiration à cette libération.

2) Vue d'ensemble des «devoirs particuliers» (svadharma)

Les devoirs particuliers de chacun découlent, comme il a été dit, de la place que chacun tient dans la société, du groupe auquel il appartient, de l'étape de la vie à laquelle il se trouve ainsi que de sa place dans la famille. Ces devoirs particuliers **(svadharma)** sont le fondement de la vie socio-politique et économique des Hindous.

a) Le système des castes (jati)

Avant d'en expliquer la forme et la structure, il nous faut présenter ici une petite introduction à ce qu'on nomme généralement le «système des castes» et parler brièvement de son origine.

D'abord, disons que le mot occidental de «caste» ne traduit pas adéquatement le mot indien de **jati**. Le mot **jati** signifie un groupe humain déterminé par ce qu'il a de particulier : l'origine biologique, ancestrale, le lignage, la région géographique et la langue d'expression. Chaque groupe forme une communauté.

Deuxièmement, le «système des castes» **(jati),** du moins dans sa structure formelle et formalisée, est d'origine aryenne. À l'origine, le critère de base de la classification des groupes a été la couleur **(varna)** de la peau. Souvenons-nous de ce que nous avons dit, à savoir que la culture hindoue est née de la fusion entre les cultures non aryennes des gens de couleur foncée de l'Inde, avec la culture aryenne des Blancs. En raison de la domination exercée par les Aryens sur les non Aryens, les groupements sociaux ont donc été formés sur la base de la couleur de la peau, les gens de couleur blanche se considérant de race supérieure.

31

Or cette connotation de race et de couleur, dans le système des castes, est graduellement disparue de l'esprit des Hindous. Ce qu'il faut retenir c'est que, pour les Hindous, le système des castes réfère aujourd'hui à l'organisation de la société et de ses différents groupes sociaux **(jati),** ainsi qu'aux responsabilités respectives qui leur sont assignées. C'est ainsi que le système comprend non seulement les groupes qui étaient classifiés à l'origine selon la couleur, mais aussi tous les autres groupes avec leurs différentes cultures, langues, religions, qui sont venus de l'étranger en Inde au cours de son histoire. Cela comprend donc des milliers de communautés **(jati)** distinctes.

Troisièmement, le système des castes n'est pas une organisation de la société établie sur la base économique de classes sociales, mais une organisation fondée sur les responsabilités ou devoirs spécifiques **(dharma)** assignés à chaque groupe. On ne le comprend bien que dans ce cadre du **dharma** et des quatre buts de la vie **(purusharthas)** dont nous avons déjà parlé.

Il faut aussi comprendre que :
a) chacun appartient à la caste **(jati)** dans laquelle il est né ;
b) chaque caste est autonome dans son organisation sociale interne ;
c) les pratiques religieuses, — rituels, fêtes, façons de vivre — les pratiques économiques, éducatives et judiciaires, etc. sont propres à chacune des castes ;
d) chaque caste se caractérise par une profession particulière ;
e) l'alimentation est différente selon les castes ;
f) enfin, on peut dire que le système des castes est une répartition des tâches et du travail basés sur le **Dharma,** alors que la classification du système des classes en Occident est basé d'abord sur les catégories économiques.

Conséquemment, il y a quatre castes ayant chacune des devoirs spécifiques :

Un brahmin

I) Les BRAHMINS :

Ce groupe détient des fonctions sacerdotales : l'étude des Vedas, la conservation et la préservation des enseignements sacrés, l'enseignement de la science spirituelle et de la culture (les **shastras**), la célébration des rituels et des sacrements pour toutes les communautés, la réception des offrandes et le don des aumônes.

II) Les KSHATRIYAS :

Leur fonction principale est de protéger et de défendre les communautés et les faibles, d'étudier les Vedas, de faire des dons d'aumônes. Les rois **(rajas)** et les médecins **(vaidyas)** appartiennent à cette catérogie.

III) Les VAISHYAS :

Leur champ d'activité concerne l'économie, le commerce, l'agriculture et l'étude des Vedas.

IV) Kes SUDRAS :

Leur devoir est de servir les trois autres en leur procurant certaines des nécessités de la vie : artisans, barbiers, pêcheurs, buandiers, etc. appartiennent à ce groupe.

Quelques commentaires :

Dans cette classification sociale, on note une hiérarchie évidente de devoirs et de responsabilités, de sorte que les Brahmins sont considérés supérieurs. Il est aussi important de comprendre qu'il y a une égalité quant à l'importance qu'occupe chacun des groupes. En d'autres mots, la question de savoir si tous les groupes sont égaux n'est pas très pertinente ici. En effet, chaque groupe détient une place d'importance égale dans la société ou communauté. Serait-on privé des services d'un groupe que la société ne saurait survivre.

Dans ce système, la supériorité ne signifie pas pouvoir et domination, mais autorité et plus grande responsabilité. Les Brahmins ont de plus grandes responsabilités étant donné qu'ils ont le devoir d'enseigner à toute la société et de démontrer, pour cela, une intégrité morale au sens le plus sévère. Leur rôle exige, par exemple, qu'ils vivent pauvrement et simplement, sans beaucoup de possessions, dans la pureté de l'esprit, et qu'ils pratiquent la non-violence et le contrôle de soi et cela d'une façon plus rigoureuse que les autres. En d'autres mots, les Brahmins doivent donner l'exemple de l'action droite **(dharma)** pour tout le reste de la société. C'est ainsi que le Mahabharata compare les Brahmins aux «boeufs qui portent le fardeau des responsabilités sociales sur leur dos» (dans **Hinduism,** Patiala 1969, p. 51).

Malgré que l'on ne reconnaisse formellement que ces quatre groupes dans le système des castes, il existe un groupe particulier qui s'est formé au cours des années et connu sous le nom des Intouchables **(asprishyas).** Les devoirs de ce groupe sont considérés comme impurs et malpropres. Par exemple, nettoyer les rues et les toilettes ou incinérer les corps. Il y a eu et il existe encore beaucoup d'abus à l'égard de ce groupe, basés sur le fait qu'on considère leur travail impur.

b) Les quatre étapes de la vie (chaturashramas)

Les trois premiers groupes, les **Brahmins, Kshatriyas et Vaishyas,** se distinguent par le fait d'être «nés deux fois» **(dvijas):** une naissance spirituelle (deuxième naissance) a lieu lors de la cérémonie d'initiation du cordon sacré **(upanayana).**

La vie des «deux-fois nés» se divise en quatre étapes:
  i) celle de l'étude **(brahmacharya);**
  ii) celle du mariage et des responsabilités du foyer **(grihastha);**

34

iii) celle de la forêt **(vanaprastha)** ;
iv) celle du renoncement **(sannyasa).**

I) L'étape de l'étude (Brahmacharya)

Cette étape se rapporte à la période qui va de l'enfance au mariage, et se caractérise par la discipline physique, mentale et spirituelle. Il faut alors s'abstenir de tous les plaisirs sensuels, pratiquer la chasteté, éviter de faire mal à tout ce qui vit, étudier les **Vedas** et les **Upanishads,** pratiquer divers rites et austérités, vivre avec le **guru** et se soumettre à sa direction. C'est l'étape où l'on porte attention à la formation du caractère.

II) L'étape du mariage et du foyer (Grihastha)

Après avoir formé son caractère, on est prêt à entrer dans la deuxième étape de la vie, celle du mariage et de ses responsabilités. «Une famille où l'époux est satisfait de l'épouse et l'épouse satisfaite de l'époux, est une famille toujours chanceuse», (**Manu Smriti,** II, 55 et 56, dans la traduction de Buhler).

Les responsabilités consistent à éduquer les enfants, à s'occuper des parents et grand-parents, à pratiquer l'hospitalité, à faire des offrandes d'eau et de nourriture aux sages **(rishi-yajna)** et aux ancêtres **(pitry-yajna)**, des sacrifices symboliques quotidiens de feu aux divinités **(devayajna).**

Ceci doit être accompli dans le but de remplir les trois dettes **(rina)** de gratitude que l'on dot :
1) aux sages, pour la connaissance de la sagesse qu'ils nous ont transmise ;
2) aux ancêtres qui nous ont donné la vie ;
3) aux divinités et forces de la nature, car c'est à travers elles que nous arrivons à la réalisation de **Brahman** et **Paramatman.**

III) L'étape de la forêt (Vanaprastha)

Après avoir complété cette période du mariage, on entre dans l'étape suivante qui est celle de la vie dans la forêt. On reconnaît le signe que l'étape du mariage est complétée, lorsque tous les enfants sont mariés et établis. Cette étape est marquée par la recherche spirituelle et la contemplation. L'époux et l'épouse ensemble ou le mari seul laissent tout ce qui leur appartient et partent en pélerinage et vivent dans la nature, dans le but de poursuivre une quête spirituelle. Il faut cependant continuer de faire des offrandes aux sages, aux ancêtres et aux divinités.

IV) L'étape du renoncement (Sannyasa)

Après s'être acquitté de ses trois dettes de gratitude, on passe à la dernière phase de la vie humaine, celle du renoncement total. L'esprit est entièrement concentré ici sur la libération spirituelle **(moksha).** Après avoir vécu les trois premières étapes dans le monde, on est prêt maintenant à renoncer à lui et à se consacrer totalement à la libération spirituelle. À cette étape, on pratique la non-violence **(ahimsa),** au sens plein, et l'on vit dans la sérénité intérieure.

Sannyasin : renonçant.

Quelques commentaires

Même s'il est dit que les quatre étapes de la vie ne sont pratiquées formellement que par les groupes «deux-fois nés» **(Brahmins, Kshatriyas, Vaishyas),** les **Sudras** ainsi que les Intouchables vivent en fait aussi de l'esprit et des principes de ce processus de vie. Certes, ils ne pratiquent formellement que l'étape du mariage, mais ils aspirent eux aussi à atteindre le but ultime de la vie qui est la libération spirituelle **(moksha).**

Est-ce que les femmes suivent aussi ces quatre étapes? Oui, mais elles ne pratiquent pas les rituels d'offrandes et de sacrifices symboliques. Par exemple, à l'étape de l'étude, qui est l'étape de leur éducation et formation, les filles ont des pratiques rituelles **(vratas)** qui sont différentes de celles des garçons. Les hommes et les femmes ont des devoirs **(dharma)** différents à l'égard de la famille et de la société. D'où la nécessité d'une formation différente.

2. LES CROYANCES FONDAMENTALES

Cette section explore quelques unes des principales croyances des Hindous, leur nature et comment elles servent de base à certaines pratiques de l'hindouisme.

Encore une fois, l'élément-clef est le pluralisme. Les Hindous utilisent une multiplicité de mots pour signifier la même réalité et un même mot a plusieurs significations.

Pour mieux comprendre cette complexité de croyances, nous aurons recours, au besoin, à des parallèles avec les croyances d'une autre religion, par exemple, le christianisme.

Commençons par la notion du Divin. Dans le christianisme, le Divin est perçu comme l'être suprême, Dieu. Il est père, fils et esprit. On rejoint Dieu le Père par le moyen d'une relation personnelle à Dieu le Fils, le Christ Jésus, dans l'Esprit. Comment les Hindous comprennent-ils ce que les chrétiens nomment Dieu? Quels noms donnent-ils au Divin? Comment perçoivent-ils la relation entre le Divin et l'être humain?

A. La réalité ultime

«Brahmeti, Paramatmeti, Bhagavaniti, Sabdyate»
«LA RÉALITÉ ULTIME SE NOMME BRAHMAN, PARAMATMAN,
BHAGAVAN»

(Bhagavata Purana)

Au lieu de poser la question «qui est Dieu?» l'Hindou demande «quelle est la réalité de tout ce qui existe? Quelle est la nature de cette réalité ultime?» Des noms différents sont attribués à la réalité ultime selon les différentes écoles de philosophie. En voici quelques-uns.

1) BRAHMAN

La réalité absolue derrière toutes les formes et derrière tout ce qui existe, c'est **Brahman** ou **Parambrahman.** Elle est appelée **Parambrahman** parce qu'elle est un absolu au-delà de toute multiplicité, de tout changement, de toute distinction, et parce qu'elle est la base de tout.

Brahman n'est pas l'être suprême appelé Dieu, le créateur, le sauveur. C'est pourquoi on ne prie pas Brahman. On le contemple. On le médite. Le chemin spirituel commence avec la recherche sur la nature de Brahman et cette quête ou recherche s'appelle Brahman-jiyñasā.

Il est important, à ce point, de comprendre comment les Hindous perçoivent l'être humain et la nature, dans la perspective de la réalité absolue.

Brahman, a-t-on dit, est la réalité de tout ce qui existe. C'est dire donc que le soi humain est identique au **Brahman;** le soi s'appelle alors **Atman.** Le soi de tous les êtres vivants **(jiva)** est aussi identique à **Brahman;** ce soi est appelé **Jivatman.** Donc **Brahman** et le soi individuel, humain ou autre, sont une seule et même réalité. Conséquemment, il est dit qu'il n'y a aucune distinction entre **Brahman** et l'être humain, entre une personne et une autre, entre l'être humain et la nature. Aussi longtemps que l'on perçoit une distinction, c'est signe qu'on n'a pas découvert la réalité ultime derrière toutes les formes. C'est un signe d'ignorance **(avidya).** Le chemin spirituel consiste à faire des efforts pour enlever graduellement le voile de l'ignorance et pour en venir à réaliser que la réalité est une et que toutes formes d'existence qui semblent être distinctes et changeables ne sont que l'apparence illusoire de **Brahman.** Le monde changeable que l'on perçoit est illusion **(Maya)** par rapport à la réalité ultime qui est sa vraie nature.

Brahman est aussi **Ekam-advitiyam** c'est-à-dire un ou unique sans second. **Brahman** est aussi sans forme **(Nirakara).** On médite donc sur l'unique réalité impersonnelle et sans forme qu'est l'absolu : **Brahman.**

2) PARAMATMAN

Un autre des noms que l'on donne à la réalité ultime, c'est celui de **Paramatman.** Ce nom signifie le soi universel.

Une histoire de la **Chandogya Upanishad :**

Shvetaketu est le fils d'Uddalaka Aruni. Le père demande au fils :
«*Shvetaketu, apporte-moi une figue.*
— *La voici! père.*
— *Ouvre-la!*
— *Elle est ouverte, père.*
— *Qu'est-ce que tu y vois?*
— *De petites graines fines, père.*
— *Prends-en une et ouvre-la!*
— *Elle est ouverte, père.*
— *Qu'est-ce que tu y vois?*
— *Rien du tout, père.*
Alors le père dit à Shvetaketu :
— *En vérité, mon cher, c'est de cette essence subtile que tu ne perçois pas que procède ce grand figuier. Crois-moi, mon cher. C'est cette essence subtile qui est le soi du monde entier ; c'est çà le réel (**satya**, la vérité) c'est çà le soi ; c'est çà (cette essence subtile) que tu es, Shvetaketu*».

Dans le **Paramatman,** la réalité ultime est perçue dans une dimension où elle est personnalisée. Il y a l'Atman, le soi individuel, qui a besoin de réaliser qu'il est identique au soi universel, éternel, stable : le **Paramatman.** On médite sur le **Paramatman** pour réaliser «je suis **Paramatman**». En d'autres mots, pour réaliser que le soi fini est identique au soi infini.

3) BHAGAVAN

La réalité ultime se nomme aussi **BHAGAVAN**. Ici elle est conçue comme l'objet suprême du culte et de la dévotion de la part de l'être humain. **Bhagavan** est l'aspect personnalisé de la réalité ultime. On emploie ici le mot **Isvara**. **Bhagavan** et **Isvara** ont tous deux comme sens : le Seigneur, l'Adorable.

On attribue de nombreuses qualités à **Bhagavan,** telles que la bonté, la grâce, le père, l'ami, l'amant, l'être de compassion, le refuge, la beauté. On invoque, on contemple **Bhagavan** et on lui rend un culte.

Autres commentaires :

Nous avons vu que la réalité ultime est perçue sous de multiples dimensions, qu'elle porte de nombreux noms. Nous n'en avons souligné que quelques-uns. Il y en a bien d'autres.

Remarquons le fait intéressant que :
1) **Brahman** est perçu comme la réalité impersonnelle, unique et sans forme **(Nirakara)**. On ne lui attribue aucune qualité. C'est pourquoi Brahman est appelé parfois **Nirguna,** ce qui veut dire sans attributs ;
2) **Paramatman** est perçu comme le soi universel, en relation avec le soi individuel ; **Bhagavan** est plus personnifiant ; Il est celui avec lequel on entre en relation personnelle.

Mais, et **Brahman,** et **Paramatman,** et **Bhagavan** sont l'unique et le même.

B. Les divinités : une réalité — plusieurs manifestations

«**Ekam sat, vipra bahnaha vadanti**» **(Rig Veda)**
«**La réalité est une, même si les sages lui donnent plusieurs noms.**»

Le panthéon des dieux et des déesses ou plutôt des divinités hindoues a toujours été une source de confusion et de perplexité pour les non-Hindous. Ce qui amène ces derniers à percevoir l'hindouisme, de façon erronée, comme polythéiste.

Pourquoi tant de dieux et de déesses? Quelle est la relation entre ces divinités et la réalité ultime, Brahman?

Étant donné la croyance fondamentale que la réalité est une et que ses manifestations sont nombreuses, les Hindous perçoivent le Divin de façon multiple. Le Divin est infini et au-delà de toute compréhension ou même imagination de l'être humain. On ne saurait le percevoir dans sa totalité. Les divinités sont les symboles et les visages variés de la réalité ultime.

Autour de chaque divinité, il y a des mythologies qui expriment «la profonde religiosité de l'âme hindoue; chaque phénomène naturel, chaque événement de la vie humaine, chaque être animé ou inanimé, donc l'univers, est ressenti comme sacré, et le mystère de la grandeur inaccessible de Dieu (du Divin) pénètre toute réalité». (R. de Smet et J. Neuner, **La Quête de l'Éternel,** Desclée, 1967; p. 101).

Ces divinités sont:

1) des **figures mythiques** dont certaines ont une certaine connotation historique;
2) des **sages et des héros.** Au cours des âges, les dieux et les déesses des peuples variés qui ont habité l'Inde sont devenus partie du panthéon hindou;
3) des **forces variées de la nature,** telles que **Agni** (le feu), **Surya** ou **Savitri** (le soleil), **Indra** (le tonnerre et l'éclair), **Dharitri** (la terre-mère);
4) **différents animaux** dont certains sont plus remarquables que d'autres, par exemple **Hanuman** (le singe qui personnifie la dévotion dans le Ramayana), **Kamdhenu** (la vache qui donne du lait en abondance);
5) des **objets innombrables de la nature** tels les arbres et les rochers.

On peut même aller plus loin et affirmer que tout dans l'univers, animé ou inanimé, est sacré et donc vénéré, objet de culte. Même un enfant est conscient que toutes ces divinités ne sont que des manifestations et des aspects variés de la réalité ultime. La dévotion et le culte qu'on leur rend ont pour but de faire l'expérience de **Brahman.**

Essayons de nous familiariser avec quelques-unes de ces divinités. Il faut se souvenir que chaque divinité a aussi différents noms et attributs.

1) La Trimurti : Brahman-Vishnu-Shiva

Brahman dans son aspect personnel et ses attributs **(saguna Brahman)** a un triple visage : **Brahma** (créateur), **Vishnu** (conservateur), **Shiva** (destructeur). **Brahma** (à ne pas confondre avec **Brahman**) est en train de disparaître, mais **Vishnu** et **Shiva** sont parmi les mythes les plus vivants de l'Inde, encore aujourd'hui.

Shiva Nataraja

SHIVA, le Divin destructeur, le Divin des Himalayas, des ascètes ; inaccessible, austère, contemplatif, mais aussi créateur et gracieux. C'est le **Linga,** emplème phallique, qui est le symbole de son pouvoir créateur, et qui est l'objet de culte le plus répandu parmi ses adorateurs qu'on appelle SHIVAITES. On lui prête 1008 noms. Parmi les plus connus : **PUDRA** (sang), **SAMBHU** (cuivre), **MAHADEVA, MAHESVARA, VISVANATHA, HARA, BHAIRAWA, NATARAJA** (Seigneur de la danse).

Le dieu Vishnu

VISHNU, dieu préservateur, dieu de l'océan et du ciel lumineux, divinité solaire et cosmique, plus anthropomorphique. Une de ses images les plus populaires est la divinité à quatre mains **(Vishnu-Narayana)** reposant sur le serpent, tandis que **Brahma**, assis sur un lotus, surgit de son nombril. Parmi ses noms les plus connus: **RAMA, KRISHNA, VASU-DEVA, HARI, GOVINDA, etc.**

2) Les avatars

VISHNU est descendu maintes fois dans le monde des humains et des animaux, prenant différentes formes afin de sauver le monde. Le nombre de ces avatars ou descentes varie. Les plus populaires sont **RAMA** et **KRISHNA.**

Krishna

43

C'est autour de ces deux avatars que le vishnouisme s'est développé à travers toute l'Inde. Il est intéressant de noter que l'Hindou considère Bouddha et le Christ comme avatars, mais il faut remarquer encore une fois qu'il leur paraît secondaire que ces avatars aient existé historiquement ou pas.

3) La SHAKTI : la Mère Divine

De tout temps, l'Inde a considéré la réalité et l'absolu comme «LA MÈRE», la divine **SHAKTI**, c'est-à-dire l'énergie ou force divine, qui, généralement, est considérée comme la femme de **Shiva.** C'est elle qui représente le pouvoir sur la vie, la fertilité, la mort, le monde entier. Elle est le symbole de l'énergie cosmique.

La déesse Durga

Toute la tradition indienne a un caractère maternel. N'appelle-t-on pas l'Inde «Mother India» **(Bharat-Mata)**? La Terre elle-même est mère et matrice. Le coeur du temple se nomme matrice **(Garbha)** et l'on conçoit toute vie comme procédant de cette grande matrice **(Garbha)** qu'est la mère divine.

Parmi les noms de la mère divine :
  i) **UMA :** Lumière
 ii) **ANNAPURNA :** Réservoir infini de nourriture
iii) **DURGA :** L'inaccessible qu'on appelle aussi **CHANDI** et dont le culte est encore très populaire au

Bengale. C'est elle qui protège, pardonne, sauve ses dévots. Elle est aussi compatissante que puissante.

iv) **KALI** :
La noire à quatre bras, portant des guirlandes de crânes, est la forme terrifiante et destructrice de l'énergie divine. Elle paraît horrible avec son cortège de mort, de maladie, de famines et d'inondations, mais derrière toute cette horreur apparente, l'Hindou voit sa main maternelle qui le conduit à la libération.

v) **DEVI** : La déesse

vi) **MAHADEVI** : La grande déesse

A **Shiva** on associe **PARVATI** (fille de la montagne) ; à **Vishnou** on associe **LAKSHMI** (la richesse) ; à **Brahma** on associe **SARASWATI** (déesse de la musique, des lettres, de la sagesse) ; à **Krishna** on associe **RADHA** et à **Rama** on associe **SITA**.

C. Karma et Punarjanma («réincarnation»)

Ces deux croyances fondamentales expriment l'attitude des Hindous à l'égard de la vie et de la mort ainsi que la façon de se comporter de la naissance à la mort.

KARMA

Il se traduit simplement par «action». La croyance est que toute action a une cause et des effets. Une bonne action a de bonnes conséquences et une mauvaise en a de mauvaises, soit immédiatement, soit plus tard, ou même dans d'autres vies. Ainsi, **karma** signifie «action avec conséquences» et également qu'il y a une loi de rétribution et de justice inscrite dans l'univers, une loi qui maintient l'ordre de l'univers et de la société.

Quiconque ne donne pas de nourriture aux affamés se trouvera un jour dans une situation semblable, en cette vie ou dans une autre, sinon lui-même, en tout cas un de ses enfants ou petits-enfants. Les générations à venir en subiront les conséquences. Tout action individuelle affecte la famille, la communauté. De même, une famille, une communauté ou une race subira collectivement les conséquences de ses actions.

45

Les Hindous croient que tout est interrelié. Les générations du passé sont liées à celles du présent et du futur. Ainsi **karma** implique «une action avec des conséquences en série». C'est comme lorsqu'on jette une pierre dans l'eau. Elle disparaît au fond du lac mais les vagues qu'elle crée dans l'eau du lac durent longtemps.

À un autre niveau, **karma** signifie sacrifice au sens d'action désintéressée. Cela veut dire qu'on devrait agir sans s'attendre à une récompense en retour. Une action désintéressée est nécessairement une bonne action. Cette notion d'action désintéressée est très développée dans la **Bhagavad Gita** :

> «... accomplis tes actions, ayant abandonné tout attachement, égal dans l'échec et dans le succès».

L'intuition fondamentale derrière la notion de **karma** c'est que tout dans l'univers est interrelié et que chaque action que l'on accomplit affecte l'ensemble de la roue de la vie. On peut dire que la loi du **karma** est la loi de la solidarité entre le cosmos, le divin et l'humain.

PUNARJANMA — RENAISSANCE

Le mot sanscrit pour ce qui est entendu généralement comme «réincarnation» en Occident est **Punarjanma**. La traduction littérale de **Punarjanma** est «renaissance» et non «réincarnation». Dans la **Bhagavad Gita** il est dit :

> «comme l'âme passe physiquement à travers l'enfance, la jeunesse et la veillesse, ainsi passe-t-elle à travers les changements de corps. L'âme incarnée rejette les vieux corps et en revêt de nouveaux, comme un homme échange un vêtement usé contre un neuf».

Ce texte ne signifie pas que c'est un corps individuel qui renaît, mais que c'est la réalité ou l'entité animatrice du corps individuel qui prend un nouveau corps. Cette réalité s'appelle **Atman**. Ainsi, ce n'est pas Jean qui se réincarne mais c'est **l'Atman** de Jean qui prend un nouveau corps. Il faut aussi se rappeler que **l'Atman** est identique à **Brahman,** la réalité ultime de toutes choses, ou le soi universel **(Paramatman).** En dernière analyse, c'est **l'Atman** qui se manifeste sous différentes formes.

46

Pour les Hindous, la mort n'est qu'un moment de changement d'un corps à un autre, comme lorsqu'on se défait de vêtements usagés. La mort n'est pas la fin de la vie mais un moment dans le cycle de la naissance, de la mort et de la renaissance. Toute la création a toujours existé ainsi, continue, et continuera ainsi de cette façon cyclique.

Est-ce que les Hindous aspirent à renaître à nouveau, comme les chrétiens aspirent à la résurrection? Le but dernier de la vie hindoue est **Moksha**. Atteindre **Moksha** c'est être libéré du cycle de la naissance et de la renaissance; en d'autre mots, les Hindous aspirent à mettre fin à leurs renaissances.

KARMA ET PUNARJANMA

Voyons brièvement la relation entre les deux. Ces deux principes forment, avec la notion de **Dharma,** le code éthique ou moral hindou. La croyance populaire veut qu'on ne saurait atteindre **Moksha** dans une seule vie. C'est en accomplissant de bonnes actions qu'on atteint la libération au cours de plusieurs vies successives. Malgré cette croyance le peuple accorde beaucoup d'importance à la poursuite d'une vie morale meublée de bonnes actions et de sacrifices, pour le bien-être des autres, à l'accomplissement de son propre **dharma** et à la pratique d'une discipline spirituelle rigoureuse; car tout cela conduit à la libération. Tous les saints et les sages sont considérés comme ayant atteint Moksha durant leur vie.

On peut expliquer la relation entre **Karma et Punarjanma** comme suit, le corps est comme le cierge qui porte la flamme pour un certain temps, la responsabilité du corps est de servir de combustible pour la flamme, de sorte que, même après sa disparition, la flamme puisse continuer à brûler.

3. LES VOIES SPIRITUELLES (MARGAS)

Il exite plusieurs voies **(margas)** d'accès à l'expérience du divin. Ce sont toutes des disciplines spirituelles d'intégration et d'harmonisation au tout. On les appelle: **yogas** (de **yuj**: unir, **yuga**: joug). Il y a la voie de la connaissance ou de la sagesse intuitive **(JNANA-YOGA)** qui part de la question «qui suis-je?» et est plus accessible aux intellectuels. Il y a la voie de la soumission amoureuse et de la dévotion **(BHAKTI-YOGA),** plus adaptée à la masse et à ceux qui accèdent à la réalité par le coeur. Une autre voie est celle de l'action désintéressée et du devoir **(KARMA-YOGA)** pour ceux qui sont plus actifs et qui sont souvent engagés dans des réalités pratiques et familiales. Enfin, il y a la voie royale, plus psychologique que les précédentes du **RAJA-YOGA.**

Très souvent on utilise un YOGA INTÉGRAL qui s'inspire de toutes ces disciplines. Le yoga est plus qu'une technique. C'est toute une spiritualité et tout un art. En règle générale l'accent est donné à l'intériorité et à la méditation plus qu'aux oeuvres et aux résultats.

A. Le jnana-yoga — Qui suis-je?

Pars avec un désir intense de libération **(mumuksutva),** recueille-toi **(uparati),** contrôle tes sens externes **(dama)** et ta pensée **(shama),** demeure dans l'équanimité **(samadhana),** renonce à tout et détache-toi de tout **(vairagya),** et, mû par la foi **(shraddha)** au gourou et aux enseignements, cherche **(vichara)** avec beaucoup de patience **(titiksa)** à discerner et à comprendre **(viveka)** qui tu es. C'est la voie de la réalisation par la seule connaissance.

Cette voie prend son inspiration des **Upanishads.** Elle trouve son expression populaire et littéraire dans le **Yogavashishta** (VIe siècle), son exposé scientifique dans le **Vedanta** et dans les commentaires de **Shankara** et de son maître **Gaudapada,** et enfin son témoin le plus vivant et le plus simple récemment dans **Ramana Maharshi.**

Qui suis-je? Voilà la question essentielle! Cherche, à chaque instant, en chaque acte, qui, en vérité, est celui qui vit, qui pense, qui agit, qui voit, qui entend. Cette conscience du soi réel, c'est-à-dire de la divinité de mon être qu'on nomme l'Atman, n'est qu'une première étape. Il faut ensuite découvrir qu'il n'y a pas de distinction entre l'Atman et le Brahman, entre ma divinité et la divinité tout court ou le tout. C'est l'expérience suprême de **l'Ad-vaita** (la non-dualité).

48

B. Le Bhakti-Yoga — L'abandon et la soumission amoureuse

1) Sa nature

C'est la voie de l'amour, de l'abandon confiant à **Bhagavan** en qui l'on trouve refuge. C'est la voie de l'adoration et du coeur où l'on considère le Divin comme père, mère, enfant, ami, époux, épouse, bien-aimé ou maître. Ici, le divin est considéré beaucoup plus comme une personne avec qui on entre en relation amoureuse.

La forme que prend le divin n'a pas beaucoup d'importance. Ce qui est important, c'est qu'il soit approché sous une forme concrète, bien incarnée. Cela peut être **Bouddha, Krishna, Rama, Jésus, Vishnou, Siva, Durga, Kali, etc.** On a bien conscience que **Brahman** est au-delà de toute forme, et que les formes sont bien secondaires par rapport à la réalité, mais l'on choisit d'en faire l'expérience par le biais de ses manifestations. Et il faut que ces manifestations soient visuelles ou sonores.

Dans ce yoga, on ne pense qu'à lui, on ne parle que de lui, on répète sans cesse son nom, soit intérieurement, soit extérieurement **(japa).** Plusieurs utilisent un chapelet comme aide à cette répétition. On ne chante que lui, on ne danse que lui. On se perd en lui. On se fond en lui; parfois même on refuse de s'identifier à lui pour mieux le goûter. Comme disait Ramakrishna : «Je ne veux pas devenir le sucre, je veux le savourer».

2) Son histoire

La tradition de la **Bhakti** est attestée depuis l'époque des **Vedas,** bien qu'il s'agisse dans l'ensemble d'une tradition non aryenne. Elle trouve son inspiration dans les grands poèmes épiques du **Mahabharata** (donc de la **Gita**) et du **Ramayana,** dans les **Bhakti sutras** de Narada, dans les **Puranas.** Ses trois grands courants sont : le vishnouisme (qui est le plus répandu), le shivaïsme et le shaktisme. Ces courants sont encore très vivants de nos jours. Parmi les **bhakta** modernes : **Ramakrishna** (dévotion à la mère **Kali**) et Swami **Ramdas** (dévotion à **Rama**).

Le **vishnouisme,** qui a ses propres **Puranas,** s'est développé surtout autour des avatars (incarnations du divin) **RAMA** et **KRISHNA.** Parmi les plus grands vishnouites, on retrouve selon les régions :

i) Inde du Sud : les Alvars (VI-IXe siècles) et **Ramanuja** qui a donné au mouvement une base intellectuelle ; **Swami Ramdas** (XXe siècle).

ii) Rajasthan : MIRABAI (XVIe siècle).

iii) Maharashtra : **Namadeva** (XIVe siècle), TOUKA-RAM (XVIIe siècle).

iv) Bengale : CHAITANYA (1485-1533).

v) Inde du Nord : issus du mariage entre le soufisme islamique et la bhakti hindoue : RAMA-NANDA (1370-1440), KABIR (XVe siècle), Dadu (1544-1603), TULSIDAS (1532-1623).

Le **shivaïsme,** qui a ses propres **Puranas,** s'est multiplié en diverses branches surtout à partir du VIe siècle.

i) Le shivaïsme des Agamas (tradition) au VIIe siècle : plus humain, plus sobre.

ii) Le shivaïsme des saints tamouls de l'Inde du Sud : les **Nayanar** (VIIe siècle) reconnus pour leurs hymnes de dévotion. C'est dans cette tradition qu'on trouve le fameux **Tiruvacakam** et **Manikkavacagar** (IXe siècle).

iii) Les sectes shaiva telles : les **Virashaivas** ou **Lingayats** (XIIe siècle).

iv) Le shivaïsme du Cachemire (ou trika shivaïsme — VIIIe ou IXe siècle) dont le plus célèbre philosophe est **ABHUVANAGUPTA** (XIe siècle).

v) Le shaiva siddhanta qui est l'élaboration intellectuelle du shivaisme en Inde du Sud.

Le shaktisme, c'est le culte de la **Shakti,** l'énergie primordiale de l'univers, qu'on nomme, de façon plus populaire : la mère divine. Dans la mythologie, **Shakti** est représentée comme l'épouse de **Shiva.**

Le shaktisme se base sur la philosophie du **Samkhya** où le principe masculin **(Purusha)** et le principe féminin

(Prakriti) sont considérés comme les deux forces fondamentales derrière la création. **Purusha** est identifié à **Shiva** et **Prakriti** à **Shakti.**

On pratique le shaktisme sous la forme de la dévotion à la mère **Kali** et à la mère **Durga** (deux visages de Shakti). Plus au Bengale que partout ailleurs. Il y a des rituels secrets associés au shaktisme. On les appelle **Tantras.** Ils sont réservés à quelques rares personnes qui font partie de sociétés secrètes tantriques. Mais **Shakti,** comme mère universelle, demeure un objet de dévotion et d'adoration pour tout le peuple. SRI RAMPRASAD (1718-1775) est un mystique qui chantait constamment les louanges de la mère divine.

C. Le Karma-Yoga — Le devoir et l'action désintéressée

L'essentiel de ce yoga est de faire son devoir **(dharma),** de faire ses actions d'une façon complètement désintéressée, d'accomplir le rite. Chaque action doit être faite par devoir, tout simplement. C'est l'action pure, désintéressée, où l'on ne recherche rien en retour, comme l'argent, le succès, la réputation ou même le paradis. On doit en venir à une indifférence complète, c'est-à-dire à une sérénité d'équanimité par rapport aux résultats, succès ou faillite d'une entreprise. On ne cherche même pas la satisfaction de savoir qu'une action est bien faite. Il s'agit de faire ses actions sans attachement aux fruits de l'action. Celui qui agit alors, ce n'est pas le petit ego mais le grand agisseur, le Divin lui-même. Chaque action devient alors un sacrifice vivant, une liturgie, sans aucune pensée de profit, pas même celle d'une union avec le Divin.

C'est le yoga du travailleur, de l'époux et de l'épouse, des enfants, et en général de toute personne qui n'a pas le loisir de contempler.

Les sources inspiratrices de ce yoga : la **Gita,** les **Dharma-sastras,** le Code de **Manu,** les **Grihasutras.** Parmi les grands karmayogis : le roi Janaka, Vivekananda, Gandhi, Vinoba Bhave.

D. Le Raja-Yoga — La concentration mentale

C'est la voie royale de la réintégration. PATANJALI, le grand sage indien du IIe siècle av. J.-C. fait encore autorité en la matière. Il a présenté ce système sous l'aspect d'un sentier divisé en huit étapes :

1) Deux étapes préparatoires indispensables
   a) **Yama** (discipline générale), qui comprend cinq règles morales négatives :
      — la non-violence **(ahimsa)**
      — ne pas mentir **(satya)**
      — ne pas voler **(asteya)**
      — la continence **(brahmacharya)**
      — la non-possession **(aparigraha)**
   b) **Niyama** (discipline particulière), qui comprend cinq règles morales positives :
      — la propreté extérieure et intérieure **(chaucha)**
      — le contentement **(santosh)** ; se satisfaire de peu
      — l'ascèse **(tapasya)**
      — la méditation des écritures **(swadhya)**
      — l'aspiration vers le Divin **(Ishvara-pranidhana)**

2) Des exercices physiques qui tendent à stimuler, à équilibrer, à pacifier le corps afin de libérer les énergies spirituelles. C'est le **Hatha-yoga** physique :
      — **Asanas** : les postures correctes assurent un bon équilibre du corps pour la méditation.
      — **Pranayama** : le contrôle du souffle.
      — **Pratyahara** : soustraction des sens à la perception et à l'action des objets extérieurs.

3) Enfin, le yoga proprement dit ou **samyama,** qui consiste en trois étapes :
      — **Dharana** : la concentration ou maintien du mental sur une seule pensée.
      — **Dhyana** : la méditation ou cessation de l'activité mentale.
      — **Samadhi** : la conscience pure.

Le coeur du yoga est la méditation, tout le reste a pour but de la préparer. La méditation ne consiste pas à analyser et à réfléchir à toutes sortes de pensées même religieuses, mais bien plutôt à stopper l'activité mentale, à arrêter les vagues de l'esprit, et ainsi à atteindre un état de non-pensée où graduellement toute dualité disparaît : je ne suis pas ce corps, je ne suis pas ces sentiments, je ne suis pas ma pensée, je ne suis pas mon ego, je ne suis pas les joies spirituelles que je ressens ; enfin, JE SUIS.

4. LES PRATIQUES RELIGIEUSES

Voici un autre domaine où nous sommes encore confrontés à la diversité qui caractérise la religion hindoue. Diversité due : à la caste, aux différentes écoles de spiritualité, à la famille, aux régions, aux situations dans lesquelles la vie nous place, aux étapes de la vie. Il est pratiquement impossible de donner ici un aperçu détaillé de ces pratiques. Nous allons donc nous limiter à jeter un coup d'oeil sur quelques-unes.

A. Quelques caractéristiques essentielles

1) Certaines pratiques religieuses hindoues consistent dans divers cultes de dévotion à diverses divinités. C'est le **Bhakti yoga.** Il est surtout pratiqué par l'ensemble du peuple qui entre en relation avec le Divin à travers la vie émotive.

2) Une autre pratique de culte qui est fort visible, c'est **Dhyana** (la méditation). C'est une combinaison de **Jnana** et de **Raja yoga.** Elle est utilisée par ceux qui préfèrent la voie de l'intellect.

3) Il y a aussi la pratique qui consiste à reconnaître la divine présence dans toutes les formes de la vie, passée et présente.

Cette pratique prend des formes différentes :
   a) la récitation d'hymnes aux différentes formes du cosmos telles que le soleil, la lune, la pluie, le tonnerre, les rochers, les arbres, les rivières, etc., toutes manifestations du Divin ;
   b) l'observation de rituels particuliers chaque jour de la semaine, nommé d'après certaines planètes ;
   c) offrandes spéciales d'eau aux ancêtres et aux autres êtres vivants.

4) Les pratiques religieuses et les festivals suivent le rythme de la nature. Par exemple, le lever et le coucher du soleil et même les différents moments **(Muhurthas)** du jour sont pris en considération. Il y a des fêtes et pratiques culturelles pour les différentes saisons. Les phases et mouvements de la lune déterminent l'heure particulière où aura lieu la cérémonie.

5) La vie quotidienne elle-même est une forme de culte. Du lever du soleil à son coucher, chaque activité humaine comporte une signification religieuse. Par exemple, le nettoyage quotidien de la maison avant le lever du soleil purifie la maison afin de recevoir le Divin; prendre son bain aussitôt levé, c'est en vue de purifier son esprit. Cela est suivi par une invocation à **Surya** (Soleil); travailler et gagner sa vie pour soutenir la famille est un acte de culte qui signifie la dévotion à chaque membre de la famille. Même les relations familiales sont d'ordre culturel et religieux; l'époux est considéré comme le seigneur divin et l'épouse comme **Devi** (la déesse); la mère est vue comme **Shakti** (la mère divine); l'enfant comme **Gopal** (le petit **Krishna**), etc. Cette perspective dans les relations familiales renforce le sentiment de dévotion et d'engagement entre membres de la famille. Ensemble, tous les jours, on chante des chants mystiques et de dévotion qu'on appelle **Bhajans** ou **Kirtans.** La musique, comme tous les beaux-arts, est considérée comme une discipline spirituelle.

6) Un autre trait remarquable de la pratique religieuse des Hindous, c'est le pèlerinage, même si ce dernier n'est pas caractéristique des seuls Hindous. Les gens, surtout à la troisième étape de leur vie **(Vanaprastha)** voyagent d'un lieu sacré à un autre. Mais il est fort intéressant de savoir ce qui fait qu'un lieu est sacré ou saint pour les Hindous. En règle générale, tout lieu est lieu sacré à cause de la nature omniprésente de Brahman et du Divin. Mais des Himalayas du nord au cap Comorin au sud, de Dwarka à l'ouest jusqu'à l'Assam à l'est, il y a des milliers de places qui sont considérées comme sacrées, parce qu'elles évoquent de puissantes et profondes émotions chez le

peuple; il y a des légendes et des mythes et même des noms et événements historiques associés à ces lieux.

B. Une présentation visuelle de quelques pratiques religieuses

«On peut faire acte de culte n'importe où: à l'intérieur de soi-même, dans la forêt ou dans n'importe quel coin que l'on trouve.»

Ramakrishna

Illustration I: Bain rituel et salutation à Surya (le Soleil)

OM
Tat savitur varenyam
bhargo devasya dhīmahī
Dhiyo yo nah pracodayāt
OM (Rig Veda)

Nous méditons sur la glorieuse splendeur du divin vivificateur. Qu'il illumine lui-même nos esprits! (Rig Veda)

Pour la plupart des Hindous, le bain du matin (Prātah-sana) est un rituel important. On l'accompagne de l'hymne au Soleil appelé Gayatri. Il appartient certes aux castes «deux-fois nées», surtout aux Brahmins, de le chanter, mais tout Hindou offre une prière au Soleil dans sa langue propre.

Illustration II :
Autel familial et culte quotidien (la Puja)

Dans chaque demeure hindoue il y a un autel, soit dans une pièce spéciale (en contexte urbain), soit dans une case (Mandapa) de la concession (en contexte villageois). Cet autel joue un rôle plus important que le temple. Sur cet autel, la divinité la plus importante est celle qui est choisie par la famille depuis des générations. On appelle cette divinité : ishtadevata (sa divinité particulière). L'autre objet important sur cet autel c'est Shālagrāma : une pierre noire qui a la forme d'un oeuf. Elle représente Hiranyagarbha : la matrice fondamentale d'où émane l'univers. Il y a ensuite, selon le choix personnel, d'autres divinités qu'on place sur l'autel. On fait la Puja trois fois par jour : au soleil levant, à midi, au soleil couchant, et d'une façon plus ou moins élaborée.

Ilustration III : Le culte dans le temple

Pour les Hindous, le temple n'est pas un lieu de culte communautaire au sens où l'on y ferait un culte d'ensemble. C'est plutôt un sanctuaire consacré à un dieu ou à une déesse. Les dévots y viennent n'importe quand et y pratiquent les actes religieux de leurs choix. Certains y méditent en silence, d'autres répètent le nom de la divinité (japa), d'autres chantent une invocation. Il y a un prêtre (purohit) qui est chargé de faire les offrandes rituelles à la divinité.

ADORATION DES ÉLÉMENTS DE LA NATURE
Illustration IV, 1 : Les rivières

«Que nos mères les eaux nous purifient!» (Taittiriya Samhita 1, 12, 1)

La rivière la plus sacrée est le Gange. Elle vient des Himalayas au nord et coule vers l'est. Il y a beaucoup de mythes associés à cette rivière et le peuple a vécu pendant des siècles sur cette terre fertile de la vallée du Gange. C'est la rivière sacrée par excellence. Elle personnifie le Divin. Mais il y en a d'autres comme la Jamuna, la Godavari, la Saraswati, etc. qui sont sacrées aussi et autour desquelles circulent plusieurs mythes. Bien plus, l'Hindou révère toute rivière.

Illustration IV, 2 : Les arbres sacrés

Beaucoup d'arbres sont considérés comme sacrés. On associe certains arbres à certaines divinités, par exemple l'arbre Shitala. D'autres sont considérés comme des lieux privilégiés de méditation, tel l'arbre Banyan (Vatā Briksha). Souvent on verra un arbre Tulsi, planté dans la cour familiale, et chaque soir on lui offre de l'encens.

Arbre Banyan

Illustration IV, 3 : La montagne

Les Himalayas sont considérés comme la demeure de Shiva. On trouve de nombreux lieux de pèlerinage dans cette région ; au nord, par exemple, on y trouvera des temples consacrés à Shiva, tels que Badrinath, Kedernath ou la caverne d'Amarnath. C'est impressionnant de voir le grand nombre de personnes qui se rendent depuis toujours dans les Himalayas, y font des cavernes leurs demeures de retraite spirituelle. Plusieurs y passent même le reste de leur vie, à la quête de l'absolu.

Illustration V : La pratique de la méditation

Se tenir tranquille, en méditation, les jambes croisées en position de lotus de Hatha Yoga, est la forme la plus privée du culte. On peut y répéter le nom d'une divinité d'une façon non verbale ; cela s'appelle «japa», ou l'on peut répéter «So' ham» : je suis, cela, en synchronisant le rythme de répétition avec le cycle de la respiration. Ou bien l'on peut pratiquer le Raja Yoga ou Dhyana pur qui consistent en une simple concentration sur le Brahman sans forme. Toutes sortes de rituels peuvent accompagner ces pratiques de méditation.

CHAPITRE IV

LES SOURCES D'INSPIRATION

1. FIGURES INSPIRATRICES

Il existe un très grand nombre de personnages historiques, de figures mythiques, de «saints» et «saintes» qui sont une grande source d'inspiration pour les Hindous. Ces derniers aiment raconter leurs histoires, se référer à leur vie et à leur enseignement dans l'éducation familiale quotidienne. L'un des meilleurs moyens de connaître l'hindouisme est de connaître la vie et les enseignements de ces figures inspiratrices. Nous n'en mentionnons ici que quelques uns anciens et contemporains parmi les plus populaires.

A. Les anciens

1) RAMA ET SITA

Rama et son épouse Sita, du poème épique «le **Ramayana**», sont sans doute les deux figures qui ont exercé la plus grande influence sur la vie de toute l'Inde. Le Ramayana est le modèle de vie et de relations familiales. Chaque homme aspire à être comme Rama, chaque femme à être comme Sita. Plusieurs portent même leurs noms.

2) KABIR (1440-1518)

Il était tisserand de basse caste et vivait à Bénarès, la cité sainte de l'hindouisme, et était probablement illettré. Mais son nom est l'un des plus fameux et plus révérés de toute la tradition indienne. Non seulement était-il hindou-musulman, mais il était également ambassadeur de l'unité hindoue-musulmane. Il affirme qu'Allah et Rama ne font qu'un. Il est reconnu pour ses paroles et ses poèmes.

3) MIRABAI (1492-1546)

Elle est la personnification de la dévotion à Krishna. Les chants d'adoration qu'elle a spontanément composés sont encore aujourd'hui chantés dans les foyers hindous, tous les jours.

Dès sa plus tendre enfance, Mira fut saisie d'une étrange passion pour une petite statue représentant l'enfant Krishna. Elle chantait et dansait devant elle, la baignait et l'habillait, lui faisait les offrandes traditionnelles et dormait à ses pieds. Même une fois mariée, toute sa vie se passa dans la fidélité à celui qu'elle considérait comme son véritable époux : le dieu Krishna pour qui elle continua de danser et de chanter.

B. Les contemporains

1) RAMAKRISHNA PARAMAHAMSA (1836-1886)

Sri Ramakrishna

Le grand extatique et dévot de la déesse **Kali** qu'est Ramakrishna mène une vie simple au grand jour et fait l'admiration de toute l'Inde moderne. Il représente la tradition hindoue la plus pure qu'il renouvelle face à l'occidentalisation envahissante. Il n'a rien écrit, n'a fondé aucune organisation ou mouvement, n'a pratiquement rien lu, mais en Inde on le considère comme universel et comme représentant de toutes les religions, car, dit-on, il a fait l'expérience du vedanta, du tantrisme, du vishnouisme, de l'islam, du christianisme, et a vécu l'unité de toutes les religions.

À 16 ans, il se rend à Calcutta, et trois ans plus tard, devient desservant du temple de Kali qu'on venait de construire à Dakshineswar sur la rivière du Gange. C'est là que se déroule toute sa vie, au rythme régulier des prières et des pujas.

Il a une passion unique, brûlante, celle de voir **Kali,** la mère. Il en est tellement enivré qu'on pense parfois qu'il est fou. Très souvent, il entre en extase.

Simple comme un enfant et pénétré de bon sens en matière de vie spirituelle, il enseigne la vie spirituelle la plus élevée dans un langage que les gens même les plus simples peuvent facilement comprendre.

2) SWAMI VIVEKANANDA (1863-1902)

Swami Vivekananda

Disciple et héritier spirituel de Ramakrishna, cet homme d'action, reconnu pour son courage, sa pureté, sa rationalité et son caractère de feu, est peut-être le saint «néo-hindou» qui parle le plus à l'Inde moderne et urbaine. Il est un symbole de la renaissance hindoue face à l'Occident, le premier à introduire l'hindouisme en Occident par sa propre personne, le prophète en Inde du service des pauvres et fondateur de la «Ramakrishna Mission» en Inde, aux États-Unis et en Angleterre. Ses écrits exercent encore aujourd'hui une très grande influence surtout parmi les Hindous scolarisés. Il a sorti l'Inde de son isolement séculaire et l'a immergée dans le monde de la pensée et de la vie internationale.

Né à Calcutta le 12 janvier 1863, d'une famille riche, instruite et philanthropique, ce brillant intellectuel, lecteur enthousiaste de Stuart Mill, Hume et Spencer, veut tout vérifier par la raison et faire l'expérience de la vérité, par lui-même. Il fréquente d'abord le Brahmo-Samaj et rencontre Ramakrishna alors qu'il est en pleine crise de scepticisme. En 1884, son père meurt, et c'est à cette époque qu'il s'attache avec dévotion à Ramakrishna, qui, par ailleurs, dès la première rencontre, avait prédit la mission spirituelle de Vivekananda.

3) RABINDRANATH TAGORE (1861-1941)

Rabindranath Tagore

Né de l'illustre et brillante famille des Tagore du Bengale, il est le sommet de la renaissance bengalie et indienne. Poète, romancier, dramaturge, acteur, peintre, il est également éducateur, philosophe, humaniste, mystique et voyant. Il a réussi à unir créativité et préoccupation sociale. Sa vie et son art en ont fait un véritable objet de culte dans l'Inde moderne. Gandhi l'appelle «**Gurudeva**» c'est-à-dire le «Maître Enseignant». Ses écrits manifestent une synthèse du meilleur de l'Occident et de l'Orient. Il voyagea à travers le monde entier, communiquant son message d'humanisme, à savoir, la nature divine comme étant la qualité première des êtres humains et la fraternité dans l'esprit qui unit le monde entier, au-delà des nations, des religions et des races. Son nationalisme consiste dans son humanisme universel. Pendant le mouvement nationaliste et indépendantiste de l'Inde il écrivit : «Le moment vient où il nous faut découvrir une base d'unité qui ne soit pas politique. Si l'Inde peut offrir au monde sa solution, ce sera une contribution à l'humanité. Il n'y a qu'une histoire, celle de l'humanité. Les histoires nationales ne sont que des chapitres dans la grande histoire de l'humanité».

En 1913, il reçut le Prix Nobel en littérature, pour ses poèmes profondément mystiques : «**Gitanjali**» (L'offrande-lyrique).

Il voulait imprégner la jeunesse indienne d'idéal universel et c'est ainsi qu'il transforma la maison de retraite de son père Maharshi Devendranath Tagore en une université mondiale nommée «**Visva Bharati**» qui permettait une rencontre de l'Orient et de l'Occident, centrée sur l'être humain.

4) MAHATMA GANDHI (1869-1948)

Mahatma Gandhi

On l'appelle **Mahatma,** c'est-à-dire «la grande âme». Il revêt l'apparence d'un politicien car c'est lui qui conduit l'Inde à l'indépendance. Mais c'est, au fond, un homme profondément religieux, un réformateur social, un saint.

«Ma religion est basée sur la vérité et la non-violence. La vérité est mon Dieu, et la non-violence est le moyen de l'atteindre». Concrètement, cela prend la forme du **Satyagraha** (tenir à la vérité), sous la triple forme de : non-coopération, désobéissance civile et jeûne. Il accorde beaucoup d'importance à la chasteté et au célibat. En 1906, il avait, avec le consentement de son épouse, fait voeu de célibat perpétuel, de contrôle des sens (jeûne et silence), de réduction progressive des besoins au minimum **(asteya et aparigraha),** d'absence de crainte et enfin d'autarcie **(swadeshi, swaraj).** Ce réformateur social était au coeur du peuple paysan et des «petits». Il a «inauguré dans la politique humaine le plus puissant mouvement depuis près de deux mille ans».

«Je ne tiens pas, dit-il, à ce que ma maison soit bloquée de tous les côtés et à ce que mes fenêtres soient bouchées. Je tiens à ce que le souffle des cultures de tous les pays circule librement à travers ma demeure, mais je me refuse à me laisser emporter par aucune d'entre elles.»

Et au soir de sa vie il révèle : «me sentant impuissant, j'ai mis ma tête sur les genoux du Divin».

5) RAMANA MAHARSHI (1879-1950)

Ramana Maharshi

Le saint du silence, de l'expérience védantine et de la simplicité! Il représente le meilleur de la tradition hindoue et est peut-être, avec Ramakrishna, le saint le plus universellement accepté de toute l'Inde. Personne ne doute de sa sainteté.

Né le 30 décembre 1879 à Tiroukouli, non loin de Madura, Inde du Sud, il reçut une éducation normale. Les sports l'intéressaient plus que les études et il n'avait rien de particulièrement religieux.

Mais voilà que soudainement, à l'âge de 16 ans, alors qu'il était assis dans sa chambre, l'idée de sa mort imminente lui vint à l'esprit. Une peur terrible le saisit. Tout le champ de sa conscience fut envahi par cette seule et unique pensée : je vais mourir. Loin de se dérober, il s'étendit à terre et vécut l'acte du trépas. Son corps devint inerte et rigide, son flux mental se figea, la conscience même du moi s'évanouit et il fit l'expérience «Je suis» au-delà de la mort. Cette expérience dura à peine un peu plus qu'une demi-heure, mais ce fut l'unique et définitive expérience qui commanda toute sa vie.

Il n'était plus le même et perdit tout goût pour l'étude, le jeu ou la conversation. Il préférait s'asseoir, coi et insensible et se livrer à l'intuition du «Je suis». On riait de lui, on le rudoyait. Enfin, n'en pouvant plus, il quitta le foyer et ne revint jamais. Il avait laissé cette note :

> *«À la recherche de mon Père et pour obéir à son appel, je quitte ce lieu. C'est dans une intention bonne qu'on s'en va. Que nul n'ait de chagrin! Pour le retrouver, qu'on ne fasse aucun frais!»*

Deux jours plus tard, le 1er septembre 1896, il était au temple de Tirouvannamalai, au fond du «saint des saints». Quand il en ressortit, il se rasa la tête, abandonna le reste de son argent, ainsi qu'une grande partie des vêtements qui le couvraient, et demeura en silence complet pendant trois ans. Souvent, il devait se réfugier d'abord au sous-sol du Temple, ensuite dans un autre temple en dehors de la ville, enfin d'une grotte à l'autre dans la sainte montagne Arounachala. Graduellement, il commença à répondre aux questions qu'on lui posait, mais sur papier d'abord, de vive voix ensuite. Et sa réponse partait toujours de l'intuition suprême : «Qui suis-je?». C'est ce qu'il appelait **«atma-vicarana»** : «investigation de **l'atman»**, c'est-à-dire la recherche, la poursuite de soi au-dedans de soi, au-delà de toute manifestation périphérique du je.

6) VINOBA BHAVE (1895-1982)

Vinoba Bhave

Disciple et relève de Gandhi, Vinoba a entrepris une oeuvre encore plus difficile que celle du Maître, à savoir libérer l'Inde non seulement de la domination anglaise extérieure mais des mythes de modernité qu'on lui avait imposés et inculqués. Il avait pour but de permettre à l'Inde de retrouver et de vivre plus pleinement sa propre tradition socio-économique et politique dans l'ouverture au monde. C'est ainsi qu'il fonda le mouvement **Sarvodaya** du sacrifice des terres pour le bien de l'ensemble **(bhoodan)**.

Né de caste brahmane, au Maharashtra, il rencontra Gandhi en 1916. Converti aux idées de ce dernier, il brûla ses diplômes et rejeta son cordon de brahmin pour se plonger dans l'action aux côtés du Maître. Il fit, dans l'ashram, les travaux les plus humbles, passa de longs séjours en prison pour «désobéissance civile» et finit par devenir le bras droit de Gandhi.

En 1940, la conscription fut imposée au peuple de l'Inde par les occupants anglais. Il prêcha contre la guerre et se trouva très vite en prison d'où il ne sortit qu'à la fin de la Seconde Guerre mondiale.

Devant l'exploitation et la misère des paysans sans terre, Vinoba se leva en 1951 et initia son mouvement. Il faut convaincre ceux qui ont trop de terres d'en donner à ceux qui n'en ont pas. Il faut même amener ceux qui n'en ont pas trop à en donner quand même un peu à ceux qui n'en ont pas du tout. Il passa ensuite au **Gramdan** (don de village entier) et enfin au **Gramaraj,** (véritable république villageoise autonome) rendant superflu tout gouvernement central, et il les proposa en exemple au monde entier pour sortir des problèmes provoqués par l'évolution occidentale récente. Tout dans la non-violence!

2. TEXTES SACRÉS

1. Période védique

«À la Terre, appartiennent les quatre horizons.
Sur elle naît la nourriture; elle porte le cultivateur.
Elle porte de même tout ce qui respire et vibre.
Que la terre nous procure le bétail et la nourriture en abondance!»
Atharva Veda, XII,4

2. Période de formulation synthétique-prophétique

«Là-bas la plénitude, ici la plénitude
La plénitude engendre la plénitude
Puise donc la plénitude au sein de la plénitude
Elle restera toujours la plénitude»
Isha Upanishad

«Dans la cité de Brahman (qui est le coeur de l'homme)
Il y a un petit lotus, une demeure
et au-dedans, un petit espace.
Ce qu'il y a en ce dedans,
C'est cela qu'il faut rechercher,
C'est cela qu'il faut désirer connaître.»
Chandogya Upanishad 8,1

3. Période de consolidation

«À l'aurore, tous les êtres distincts procèdent de l'indistinct.
La nuit, ils se dissolvent dans le même, ce qu'on nomme l'indistinct.
Cette même multitude des êtres qui surgissent un par un
Se dissolvent inéluctablement pendant la nuit, O Arjuna,
Et surgissent à nouveau quand revient le jour.»

Bhagavad Gita, 19, 18-19

«De même qu'un homme qui creuse avec une pelle arrive à trouver de l'eau
De même celui qui sert son maître acquiert la science que ce maître possède.» Lois de Manu 2,218

«Les corps sont purifiés par l'eau, la pensée est purifiée par la vérité, l'âme par le savoir et l'austérité, l'intellect par la connaissance.»

Lois de Manu 5,109

«Abandonnez tout!
Quand votre âme a fait abandon
En celui à qui appartient ce qui s'abandonne
Abandonnez tout!
Pas plus que l'éclair cela ne dure...
Là-dessus, méditez un peu, vous!
Le «vous» et le «vôtre», détruisez-les depuis la racine.
Et approchez-vous du Seigneur! Il n'y a pas pour l'âme
De plénitude égale à celle-là.»

Namalvar, Tiruvaymoli, 1,2-1,3

4. Période mulsumane

«Ô mon serviteur, où me cherches-tu? Regarde! Je suis auprès de toi.
Je ne suis ni dans le temple ni dans la mosquée; ni dans le sanctuaire de la Mecque, ni dans le séjour des divinités hindoues.
Je ne suis ni dans les rites et les cérémonies, ni dans l'ascétisme et ses renoncements.
Si tu me cherches vraiment, tu me verras aussitôt et un moment viendra où tu me rencontreras.

Kabir dit : «*Ô Saint, Brahman est le souffle de tout ce qui respire*».
(Kabir)

«*Toi, tu prends forme,
moi je renais sans cesse :
tous deux à la poursuite de l'union.*

*Ma joie, ton corps,
tes délices, ma présence.*

*Je te donne visage
Tu me rends infini.*

*Nous deux, un seul corps.
Un nouvel être est né,
Le Toi-moi, le moi-Toi.*

*Entre nous plus de différence,
moi Toi, Toi Touka*».
(Toukaram)

5. Période moderne

«*Vous et moi ne sommes qu'un. Je ne puis vous faire de mal sans me blesser.*»
(Gandhi)

«*Tous les problèmes de l'existence sont essentiellement problèmes d'harmonie*».
(Aurobindo)

«*Le même fleuve de vie qui court à travers mes veines nuit et jour court à travers le monde et danse en pulsations rythmées.*

C'est cette même vie qui pousse à travers la poudre de la terre sa joie en innombrables brins d'herbe, et éclate en fougueuses vagues de feuilles et de fleurs.

C'est cette même vie que balancent flux et reflux dans l'océan-berceau de la naissance et de la mort.

Je sens mes membres glorifiés au toucher de cette vie universelle. Et je m'enorgueillis, car le grand battement de la vie des âges, C'est dans mon sang qu'il danse en ce moment.»
(R. Tagore, Gitanjali)

QUESTIONS ET
ACTIVITÉS RECOMMANDÉES

1. QUESTIONS

A. Rétrospective des connaissances acquises

CHAPITRE I :
Quelles sont les principales caractéristiques de l'hindouisme? Percevez-vous des ressemblances et/ou des différences avec la religion que vous pratiquez?

CHAPITRE II :
1. Comment l'hindouisme s'est-il développé à travers l'histoire? De quels éléments culturels l'hindouisme est-il composé?
2. Quelle est la vision hindoue de l'histoire?
3. Décrivez brièvement les six périodes historiques de l'hindouisme.

CHAPITRE III :
1. Que signifie Dharma?
2. Quels sont les quatre buts de la vie? Les devoirs communs à tous? Les devoirs particuliers?
3. Expliquez la relation entre Purusharthas, Sadharana Dharma et Svadharma.
4. Les Hindous parlent-ils de Dieu? Quelle est la nature de Bhaman-Paramatman-Bhagavan?
5. L'Hindou est-il polythéiste? Si oui, pourquoi? Si non, pourquoi?
6. «La réalité est une, ses manifestations multiples.» Élaborez.
7. Qu'est-ce que la Trimurti?
8. Quels sont les aspects différents de la Shakti?
9. Élaborez sur le Karma et sur Punarjanma.
10. Quels sont les différents margas? Quelle est la nature de chaque yoga?
11. Décrivez les caractéristiques fondamentales des pratiques religieuses hindoues.

B. Impact personnel

1. Quelle était ta perception de l'hindouisme avant cette étude? Quelle est-elle maintenant?
2. Quels aspects de l'hindouisme t'ont le plus touché/e?
3. Cette étude a-t-elle eu un impact sur ta façon de voir la vie ou de vivre ta vie quotidienne? Comment?
4. Cette étude t'a-t-elle amené/e à faire des découvertes à propos de toi-même?
5. Quel yoga t'attire le plus? Pourquoi?

2. ACTIVITÉS RECOMMANDÉES

Les activités suivantes sont recommandées comme moyen d'améliorer votre compréhension de l'hindouisme. Les élèves sont invités à compléter leur étude académique par une recherche plus poussée, des activités expérimentales et des contacts avec la communauté hindoue.

1. Choisir une ou deux figures inspiratrices (ch. IV,1) et faire une recherche plus poussée sur leur vie, leurs oeuvres, leurs enseignements.
2. Faire des lectures supplémentaires sur les auteurs et mystiques tels que Kabir, Toukaram, Tagore, Vivekananda, Aurobindo et Gandhi. Chercher à découvrir comment l'esprit et la philosophie de l'hindouisme imprègnent leurs écrits.
3. Faire une lecture de groupe, en classe, de textes sacrés des Vedas, des Upanishads ou de la Bhagavad Gita et faire un retour réflexif ensemble sur ce qui a été lu.
4. Inviter quelqu'un de la communauté hindoue à venir partager sa vision du monde et ses pratiques religieuses. Ceci aidera à une meilleure compréhension au moyen d'un contact direct.
5. Chercher à trouver en quels lieux on peut apprendre le Hatha Yoga, le Pranayama et la Méditation. Les pratiquer. Cela peut déclencher une certaine attitude de contemplation et de calme.

6. Chercher s'il existe un temple hindou ou un lieu où l'on pratique le puja et les bhajans (le chant dévotionnel en groupe). Participer si possible! Cela peut aider au cours de cette étude à concrétiser quelques éléments des pratiques religieuses.

7. Expérience de la musique hindoue. La musique est sacrée.
   — Trouver des disques de musique instrumentale indienne, telle que la cithare, la veena ou le sarod (tous des instruments à corde). Il sera plus facile de commencer avec la musique instrumentale.
   — Organiser la salle de classe différemment: libérer le centre de la pièce et y étendre un tapis, enlever ses chaussures et s'asseoir par terre, faire brûler un peu d'encens.
   — Écouter la musique en silence et avec beaucoup de concentration afin de faire l'expérience de l'intériorité.

8. Projeter un film portant sur l'un des aspects de l'hindouisme et le faire suivre d'un échange dialogue avec une personne-ressource de la communauté hindoue.

BIBLIOGRAPHIE

GÉNÉRALE

AUROBINDO. *La Bhagavad Gita,* Paris, 1977 (Albin Michel); 1979 (Maisonneuve).

AUROBINDO. *La mère,* Paris, Adyar, 1950.

AUROBINDO. *Le guide du yoga,* Paris, 1976 (Albin Michel).

DECHANET. *La voie du silence,* 1976 (Desclée de Brouwer).

DELEURY, G. *Renaître en Inde,* Paris, 1976 (Stock).

DELEURY, G. *Le modèle hindou,* Paris, 1978 (Hachette).

ESNOUL. *L'hindouisme.* Textes et traditions sacrées. Paris, 1972 (Fayard-DeNoël).

EVIN (tr,). *L'évangile de Ramana Marharshi,* Paris, 1970 (Courrier du Livre).

GANDHI. *Autobiographie ou mes expériences de vérité,* 1982 (P.U.F.); *Lettres à l'ashram,* 1971 (Albin Michel).

HERBERT, J. *L'hindouisme Vivant,* Paris, Dervy, 1983 (Éd. illustrée).

HERBERT, J. *Spiritualité hindoue,* Paris, 1972 (Éd. Albin Michel).

HERBERT, J. *Le yoga de l'amour,* Le geste de Krishna, Paris, 1973 (Éd. Albin Michel).

LEBAIL. *Six upanishads majeurs,* 1971 (Courrier du Livre. Flammarion).

LESAUX. *Éveil à soi — Éveil à Dieu,* Paris, 1971 (Centurion); 1985 (Le Cerf).

RADAKRISHNAN. *The Hindu View of Life,* 1982 (Allen Unwin).

RAMAKRISHNA. *L'enseignement de Ramakrishna,* Paris, 1978 (Éd. Albin Michel).

REGNIER, P. *L'Inde et les pays indianisés,* Paris, 1963 Coll. Rel. du Monde (Bloud et Gay).

SATCHIDANANDA. *Hatha yoga intégral,* Paris, 1982 (Courrier du Livre).

SEN, K.J. *L'hindouisme,* 1961 (Payot).
SIVANANDA. *La pratique de la méditation,* 1976 (Éd. Albin Michel).
SWAMI SIDDHESWARANANDA. *La méditation selon le yoga-vedanta,* Paris, 1976 (Maisonneuve).
TAGORE, R. *L'Offrande lyrique,* 1971 (Gallimard).
TAGORE, R. *Sadhana,* 1971 (Éd. Albin Michel).
VARENNE, J. *Le Veda,* Paris, 1967 (Éd. Planète).
VIVEKANANDA. *Les yogas pratiques,* 1970 (Éd. Albin Michel).
VIVEKANANDA. *Le jnana yoga,* Paris, 1956 (Éd. Albin Michel).

Sur les figures inspiratrices

GANDHI. R. Rolland, *La vie de Gandhi* (Stock, 1945) ; Fischer, *La vie du Mahatma Gandhi,* Paris, Belfind, 1983 ; Gandhi, *Autobiographie de mes expériences de Vérité* (P.U.F., 1982) ; O. Lacombe, *Gandhi ou la force de l'âme* (Plon, 1984) ; Drevet, *Gandhi interpelle les chrétiens* (Éd. du Cerf, 1965) ; Cassier, S. *Gandhi et la non-violence,* Paris, 1970 (Seuil); Privat, *Vie de Gandhi,* Paris, 1957 (De Noël) ; Gandhi, *Ma non-violence,* Paris, 1973 (Stock).
KABIR. Vaudeville, *Au cabaret de l'amour* (Conn. de l'Orient, Gallimard, 1959); Article sur Kabir dans *Encyclopedia Universalis,* Paris, vol. 9 ; Tagore, *La Fugitive, Poèmes de Kabir* (Gallimard, 1948) ; Esnoul, **L'hindouisme** op. cit. v. Kabir, p. 583-598.
RAMAKRISHNA. R. Rolland, *La vie de Ramakrishna,* Paris, 1978 (Stock), Solange Lemaitre, *Ramakrishna et la vitalité de l'hindouisme* (Coll. Maîtres Spirituels) ; *L'Enseignement de Ramakrishna* (Éd. Albin Michel).
RAMANA MAHARSHI. D. Le Saux, **Sagesse hindoue, Mystique Chrétienne,** ch. 2 et 3 (Centurion) ; *L'évangile de Ramana Maharshi* (tr. Simone Evin (Courrier du Livre, Paris, 1970) ; Osborne, *Ramana Maharshi and the Path of Self-knowledge* (Rider % Co, 1954) ; *The collected Works of R. Maharshi, The Teachings of R.M. in his own words* (Rider % Co, 1965) Talks with Sri R. Maharshi ;

Osborne, *R.M. et le Sentier de la Connaissance de Soi.* Paris-Neuchatel, 1957 ; Maria Burgi-Kyriazi, *R. Maharshi et l'Expérience de l'Être,* Paris, 1975 (Maisonneuve) ; H. Hartung, *Présence de R. Maharshi,* Paris, 1979 (Cerf).

VINOBA BHAVE. *La Révolution de la non-violence* (Albin Michel, 1958) ; L. Del Vasto, *Vinoba ou le nouveau pèlerinage* (De Noël, 1959).

VIVEKANANDA. R. Rolland, *La vie de Vivekananda* (aussi en trad. anglaise : *The life of Vivekananda* (Vedanta Press, Hollywood) ; Nikhilananda, *Vivekananda, Yogas and other works* (Vedanta Press) ; *Entretiens et causeries* (Albin Michel) ; Nivedita, *Vivekananda, tel que je l'ai vu* (Éd. Albin Michel).

TAGORE. R. Tagore, *Vers l'homme universel,* Paris, 1964 (Gallimard). On pourra lire de Tagore, chez Gallimard, *L'Offrande lyrique, Le Jardinier d'amour, La corbeille de fruits, La fugitive, amal et la lettre du roi, Souvenirs, Mashi, Le naufrage, Le vagabond et autres histoires, Souvenirs d'enfance.*

SOURCES DES ILLUSTRATIONS

p. 5 : Panikkar, Vedic Experience, University of California Press;

p. 12, 19 : Frédérick, L'Inde et ses temples (p. 287, 42) ;

p. 25 : Frédérick, Inde sacrée (p. 33);

p. 33 : Vivant Univers, no 330 (p. 18);

p. 36 : Archives Seuil;

p. 42 : Frédéric, Dieux et Brahmanes de l'Inde (p. 85);

p. 43 : Deneck, L'art indien (p. 23);

p. 43 : Herbert, Le Yoga de l'Amour (p. 73);

p. 44 : Régnier, L'Inde et les pays indianisés (p. 77);

p. 55 : Esnoul, Ramanuja et la mystique (p. 151);

p. 56 : Novalis;

p. 57 : Filliozat, Inde (p. 233);

p. 58-59 : Frédéric, Dieux et Brahmanes (p. 93 et 91);

p. 60-61 : Filliozat, Inde (p. 17 et 115);

p. 64-65 : Ramakrishna Mission (p. 68-69);

p. 66-67 : Filliozat, Inde (p. 92, 195);

p. 68 : Osborne, Ramana Maharshi (p. II);

p. 69 : Albin Michel.